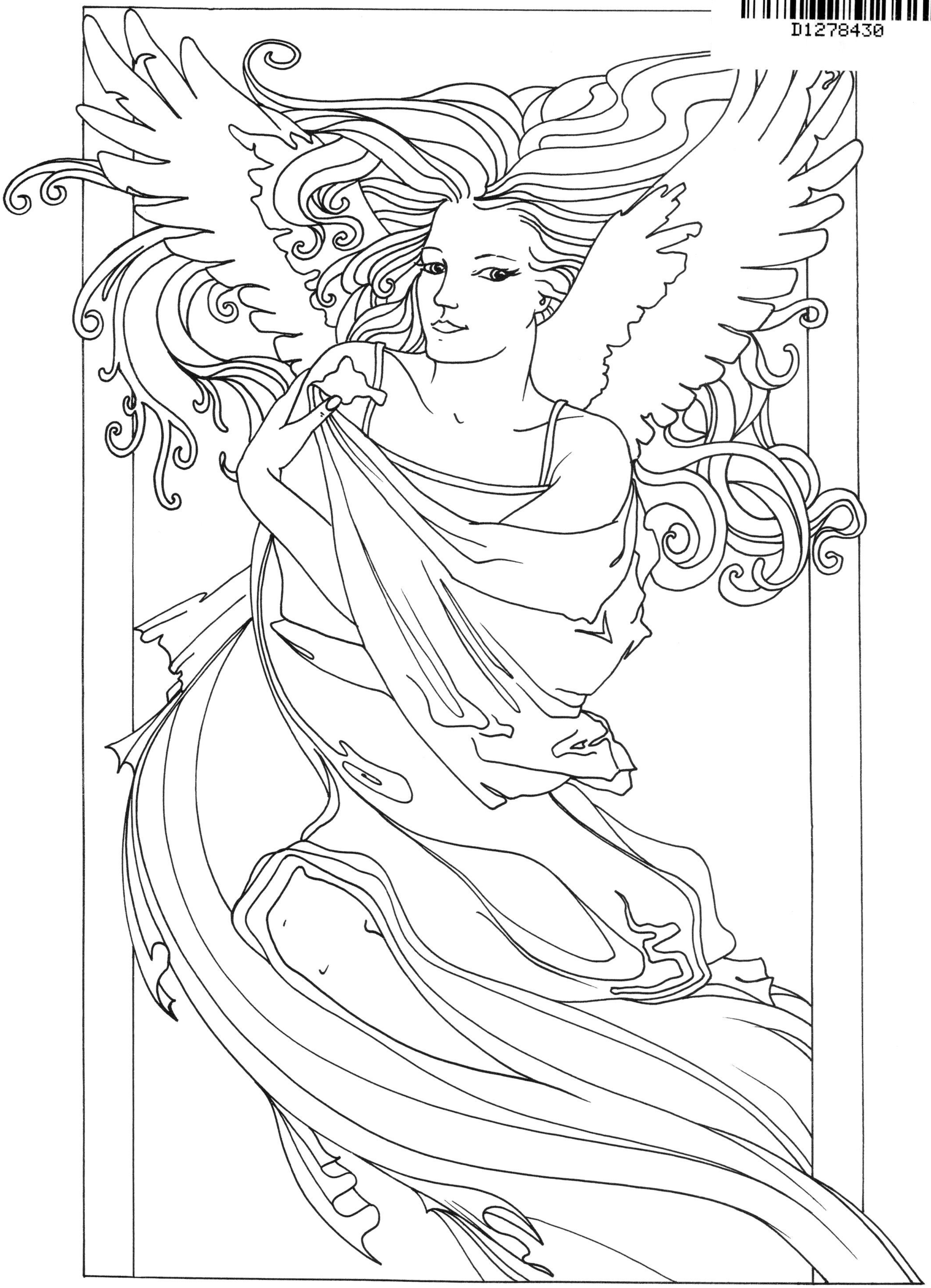

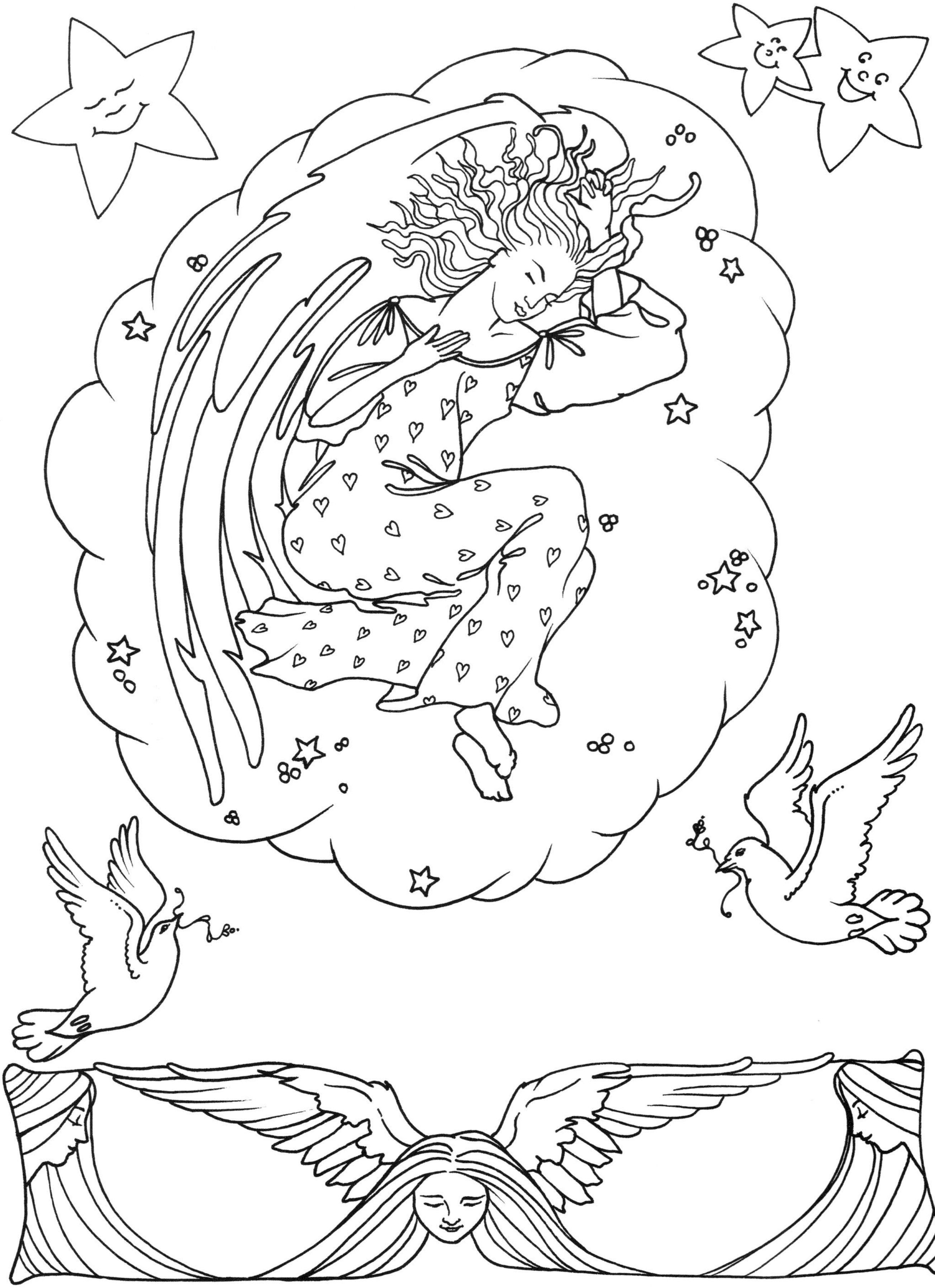

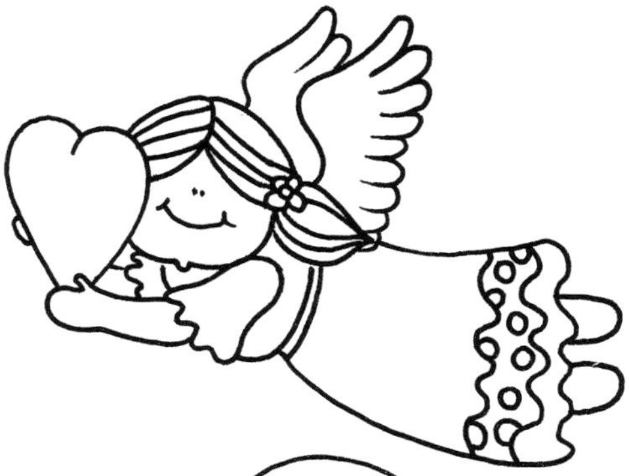
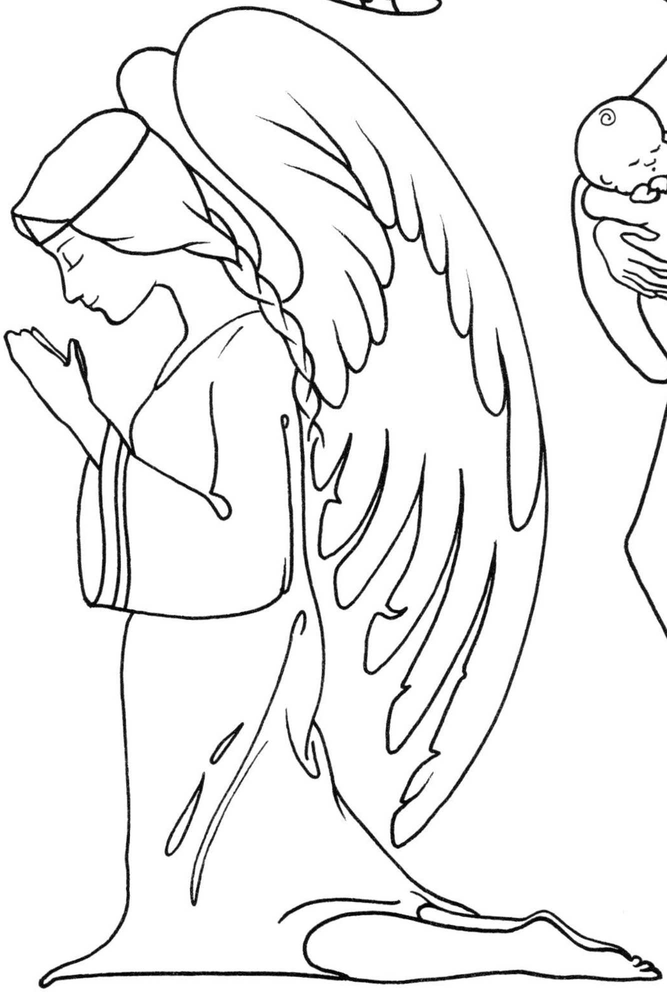
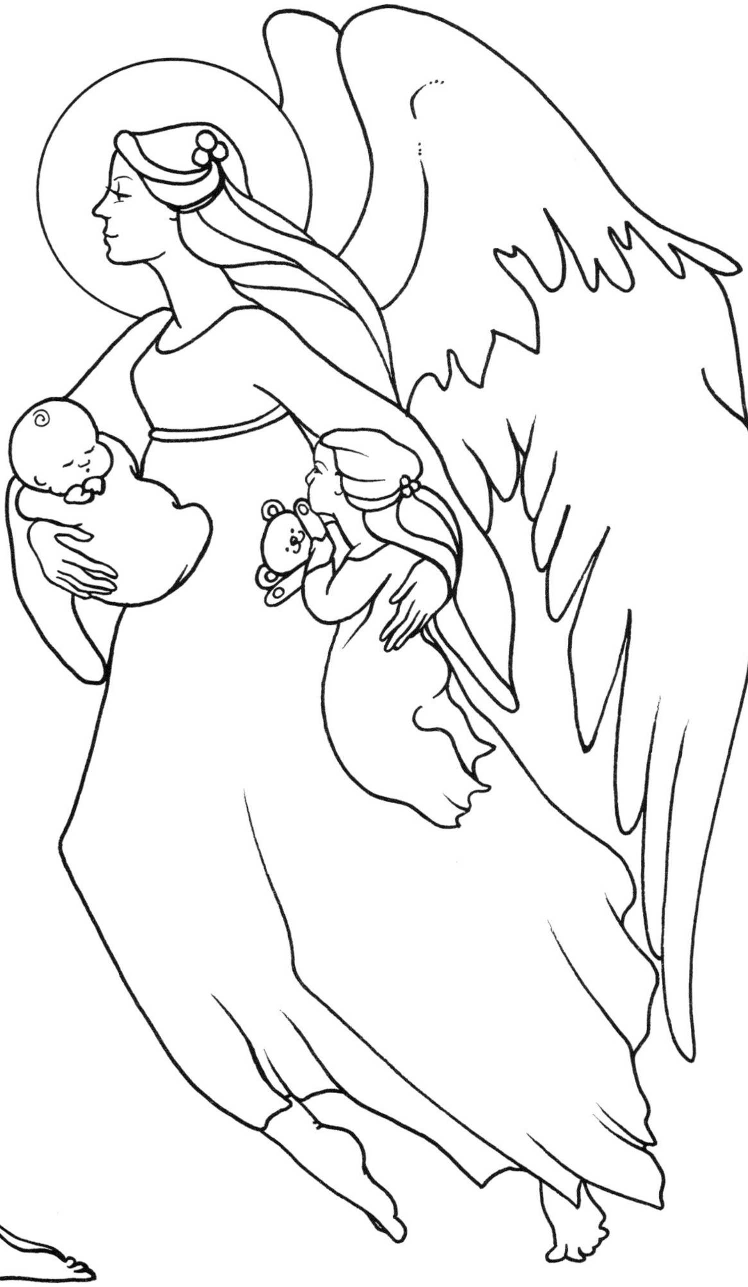
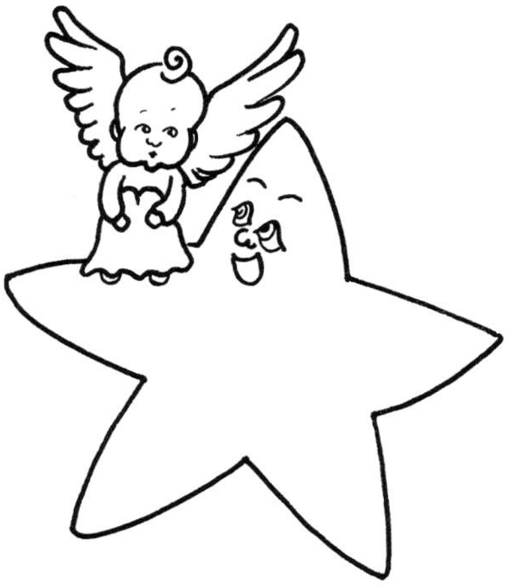
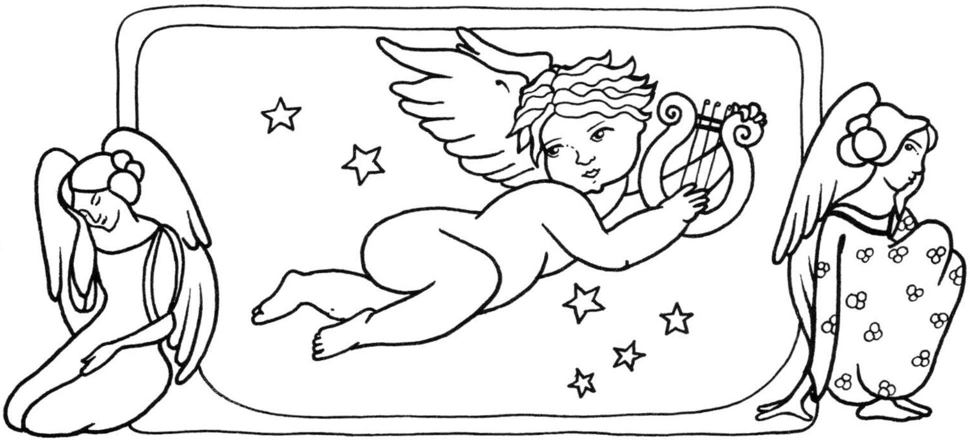

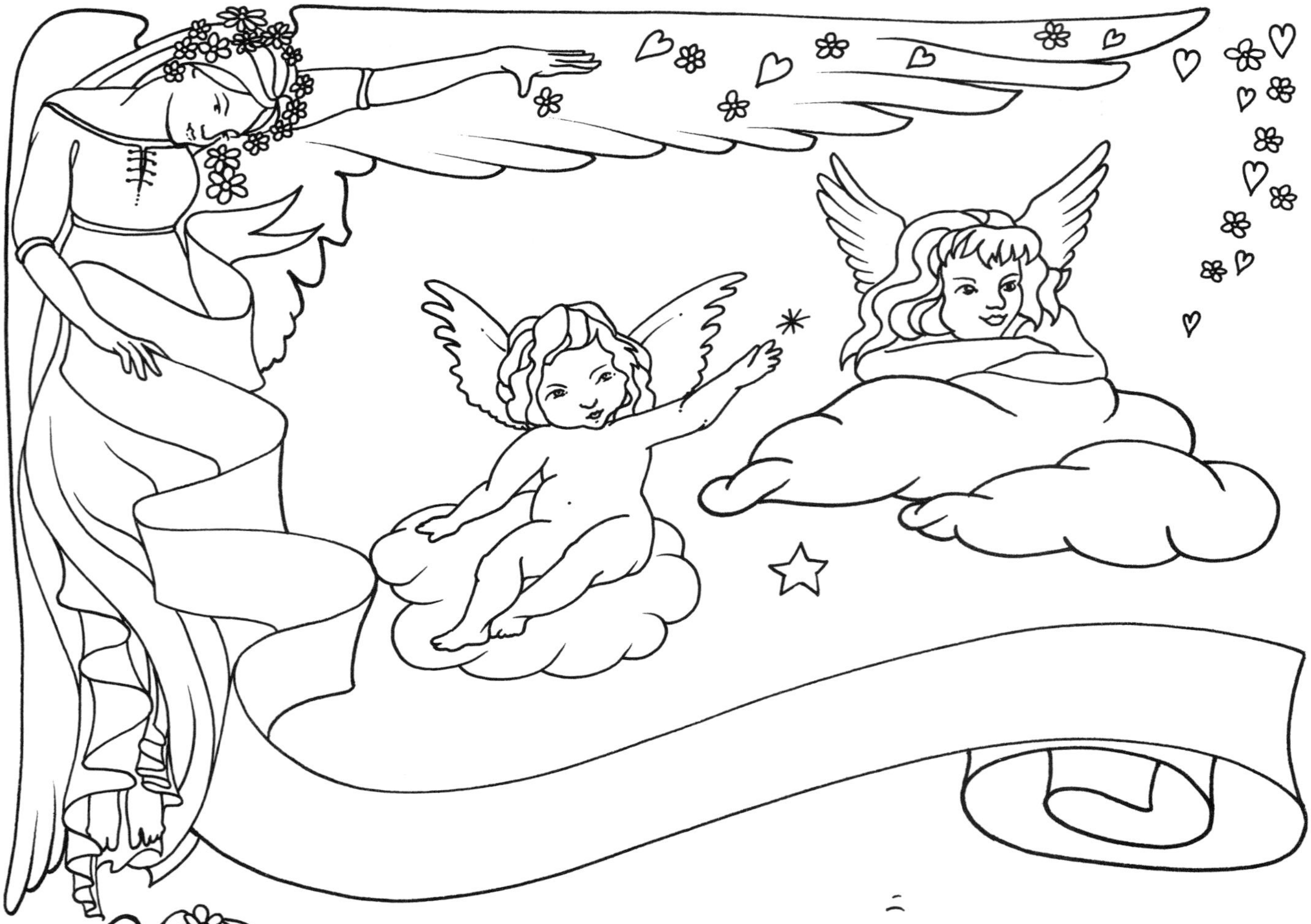

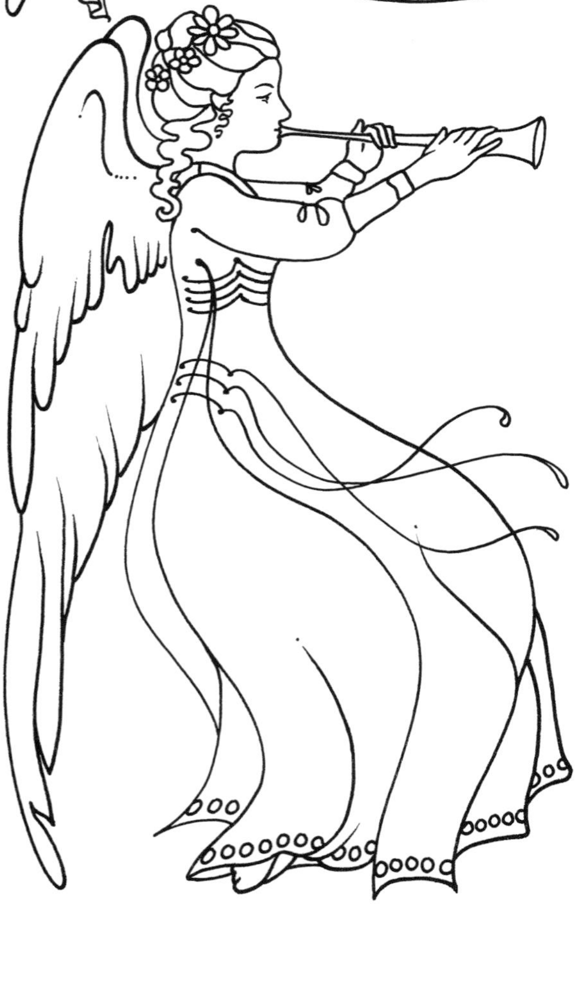

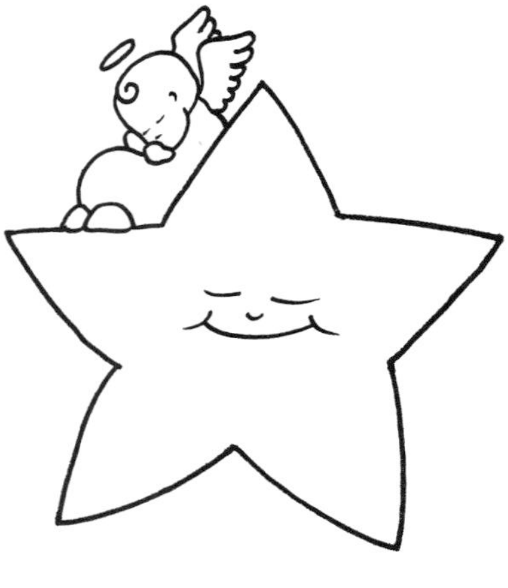

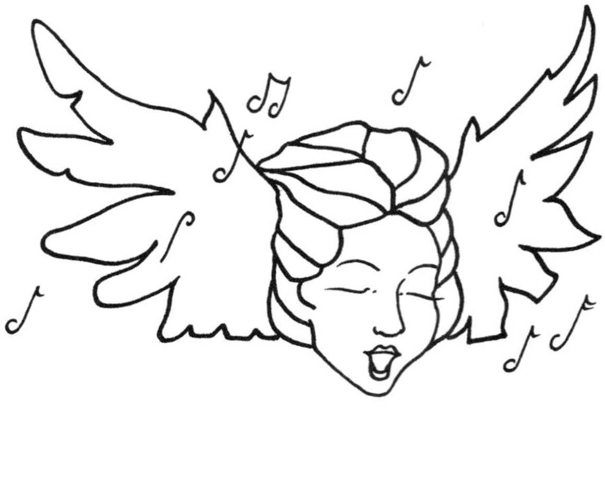

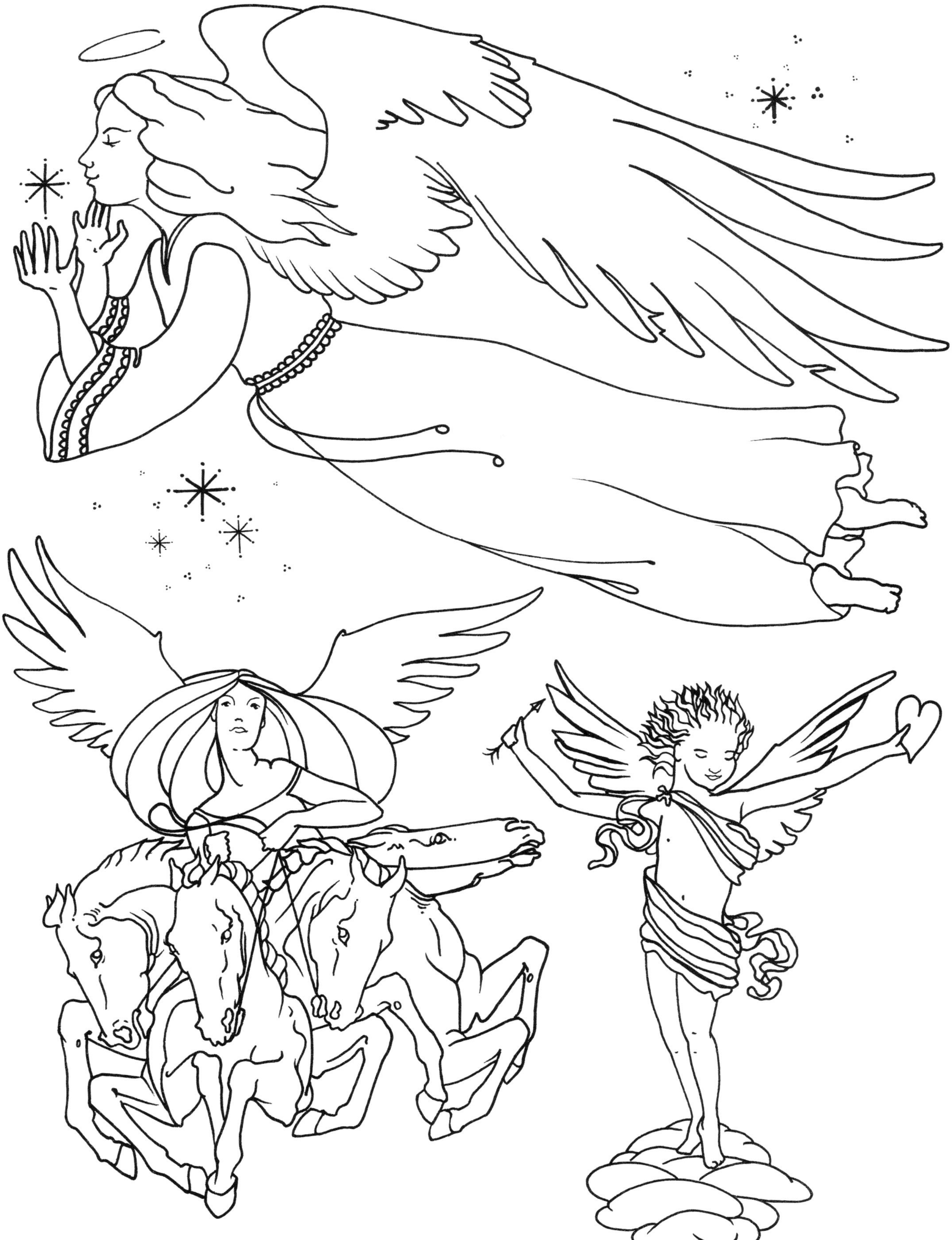

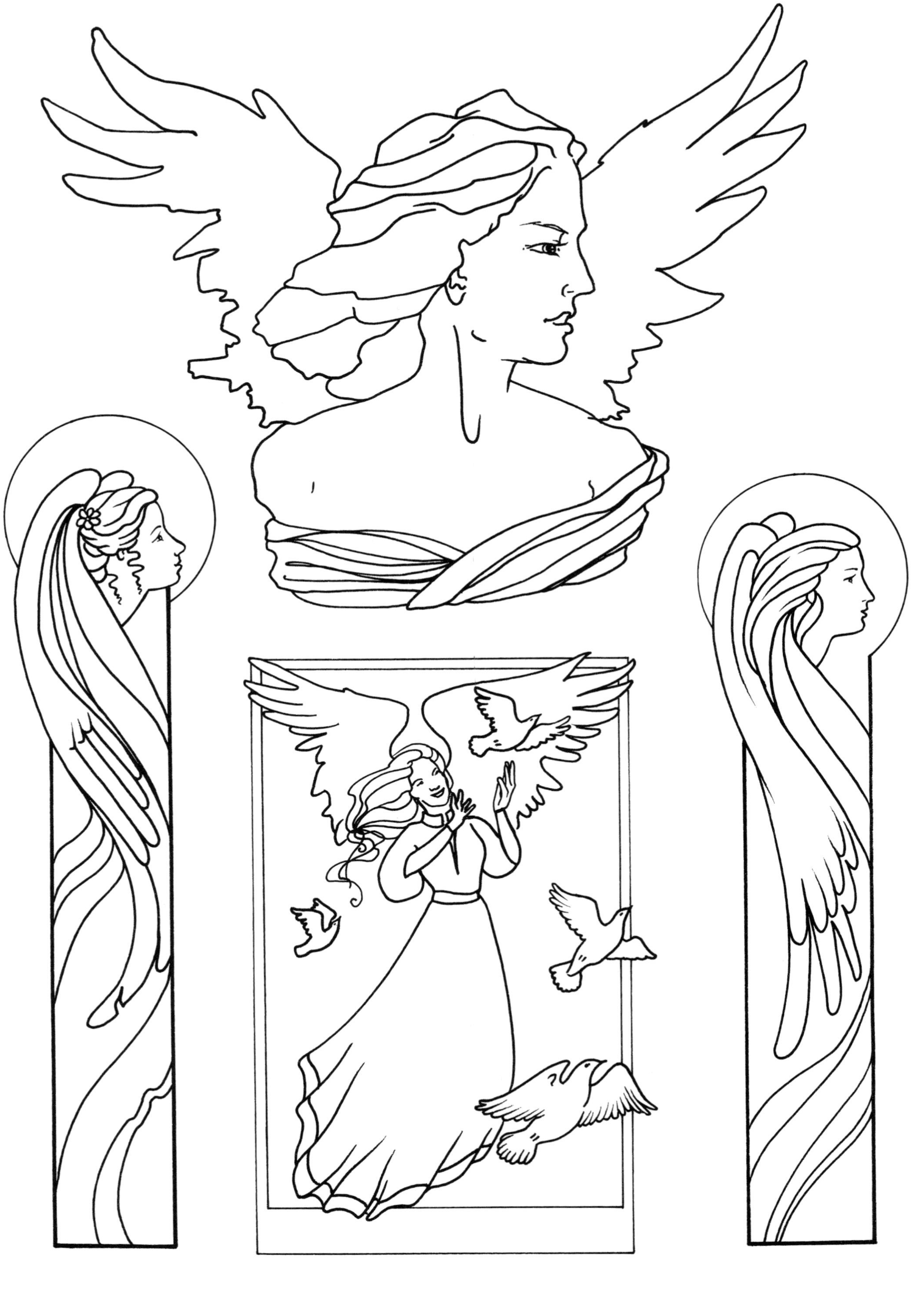

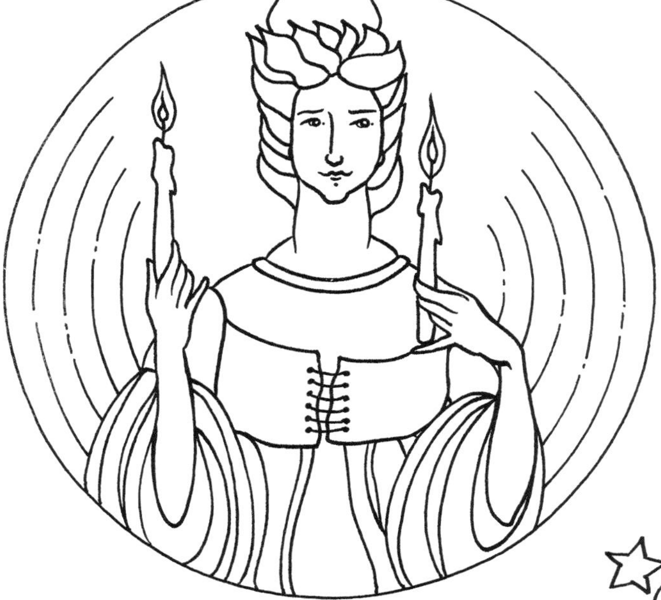

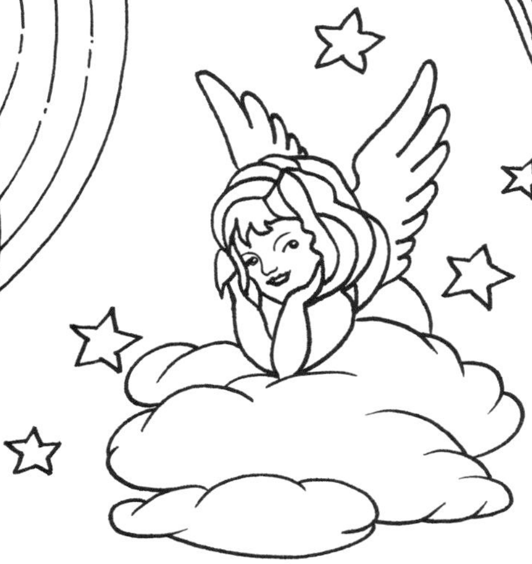

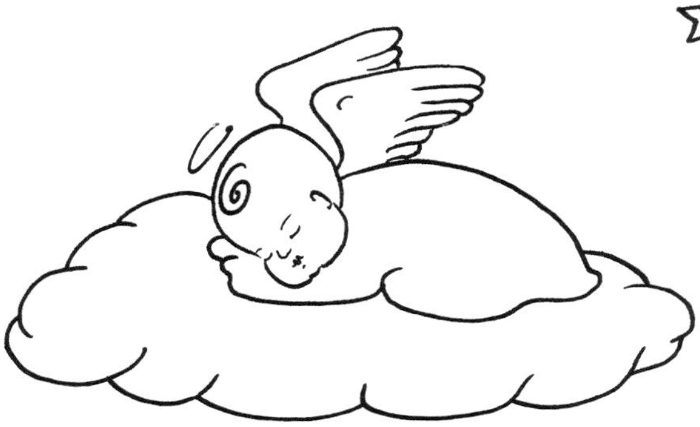

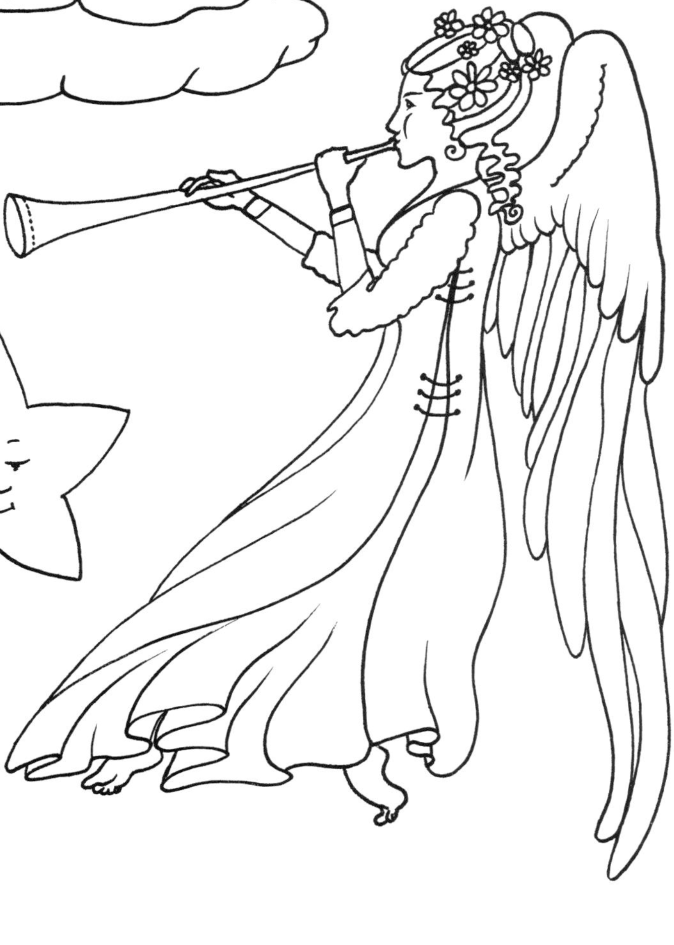

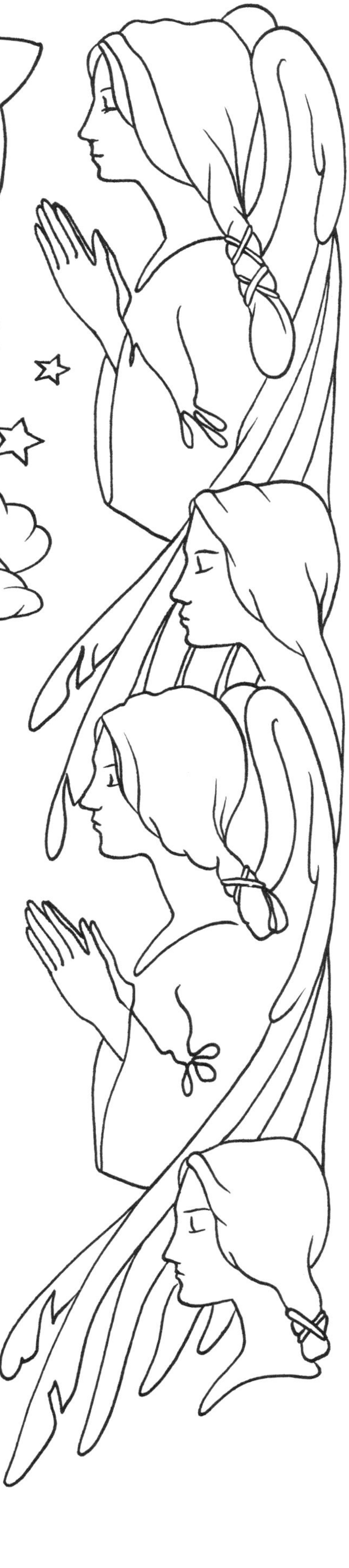

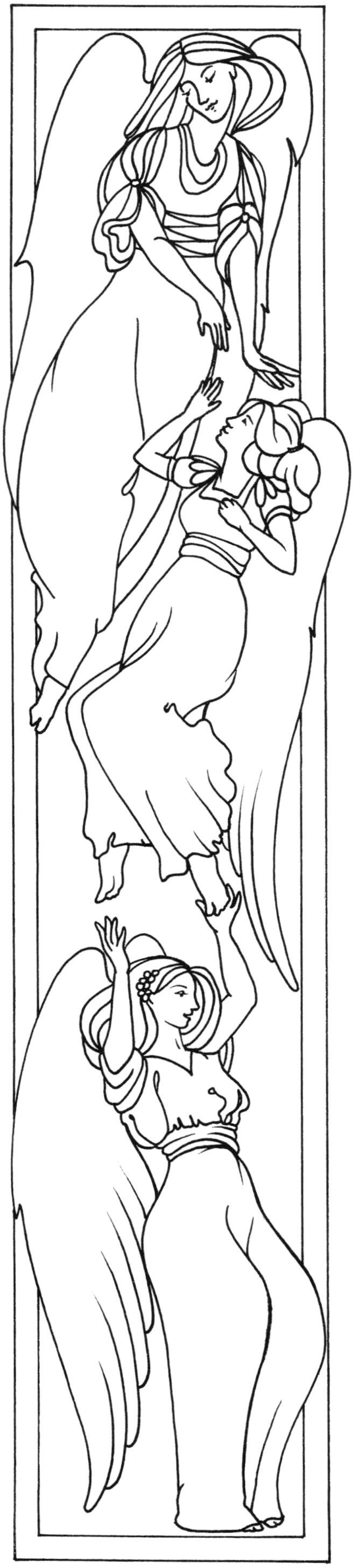

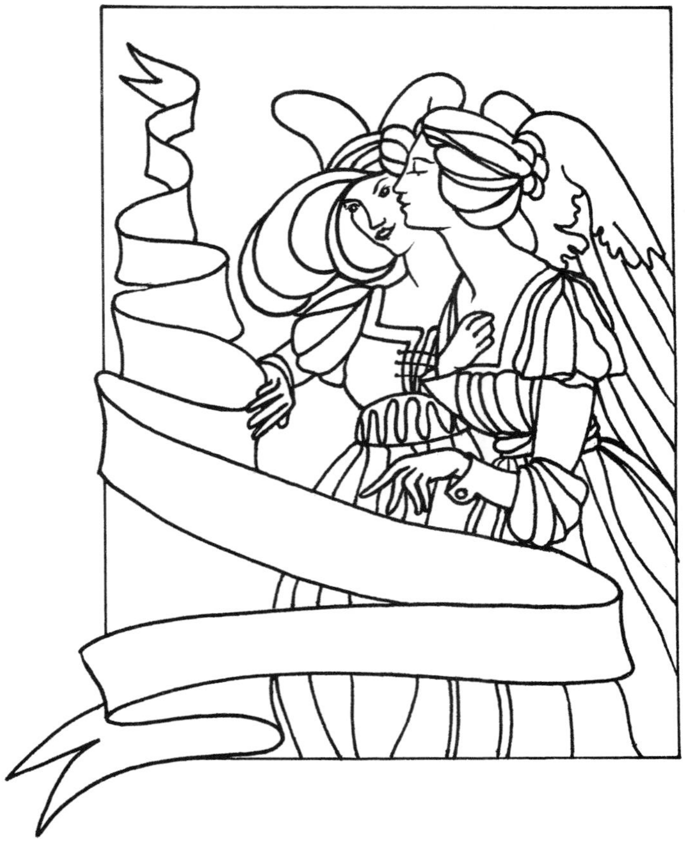

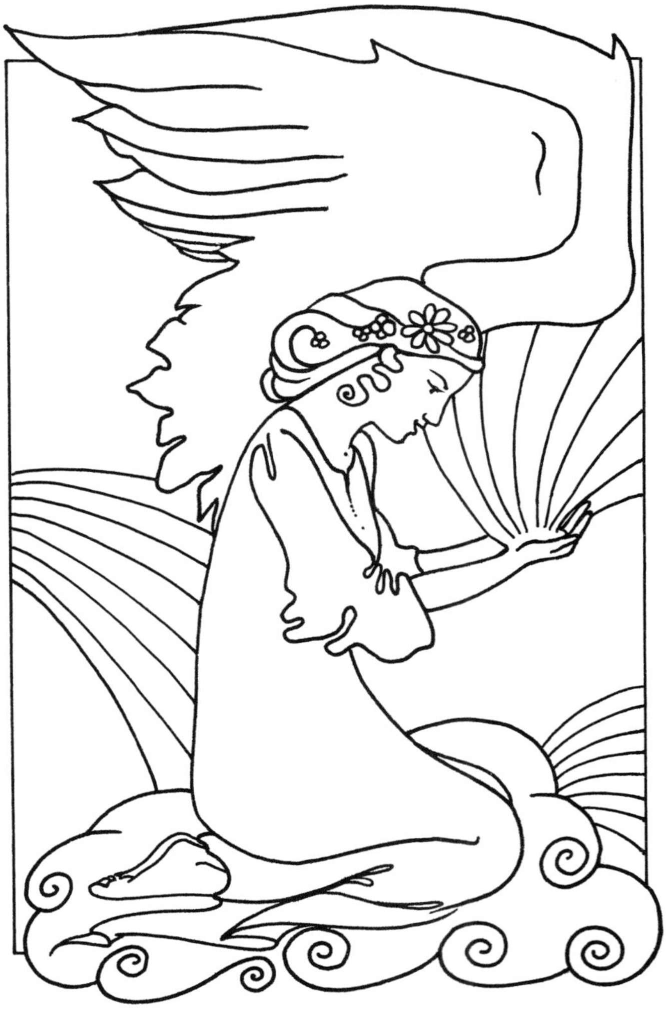

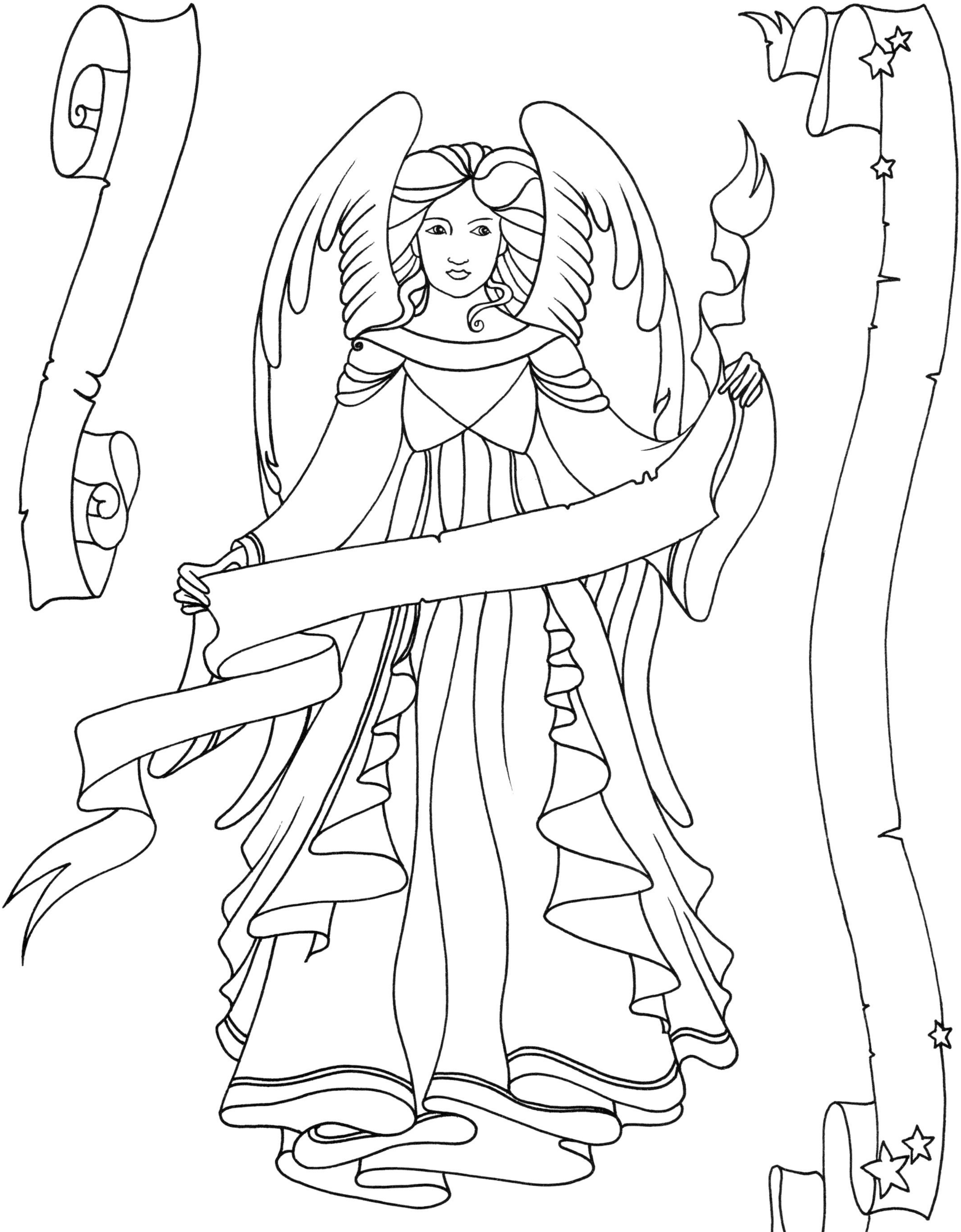

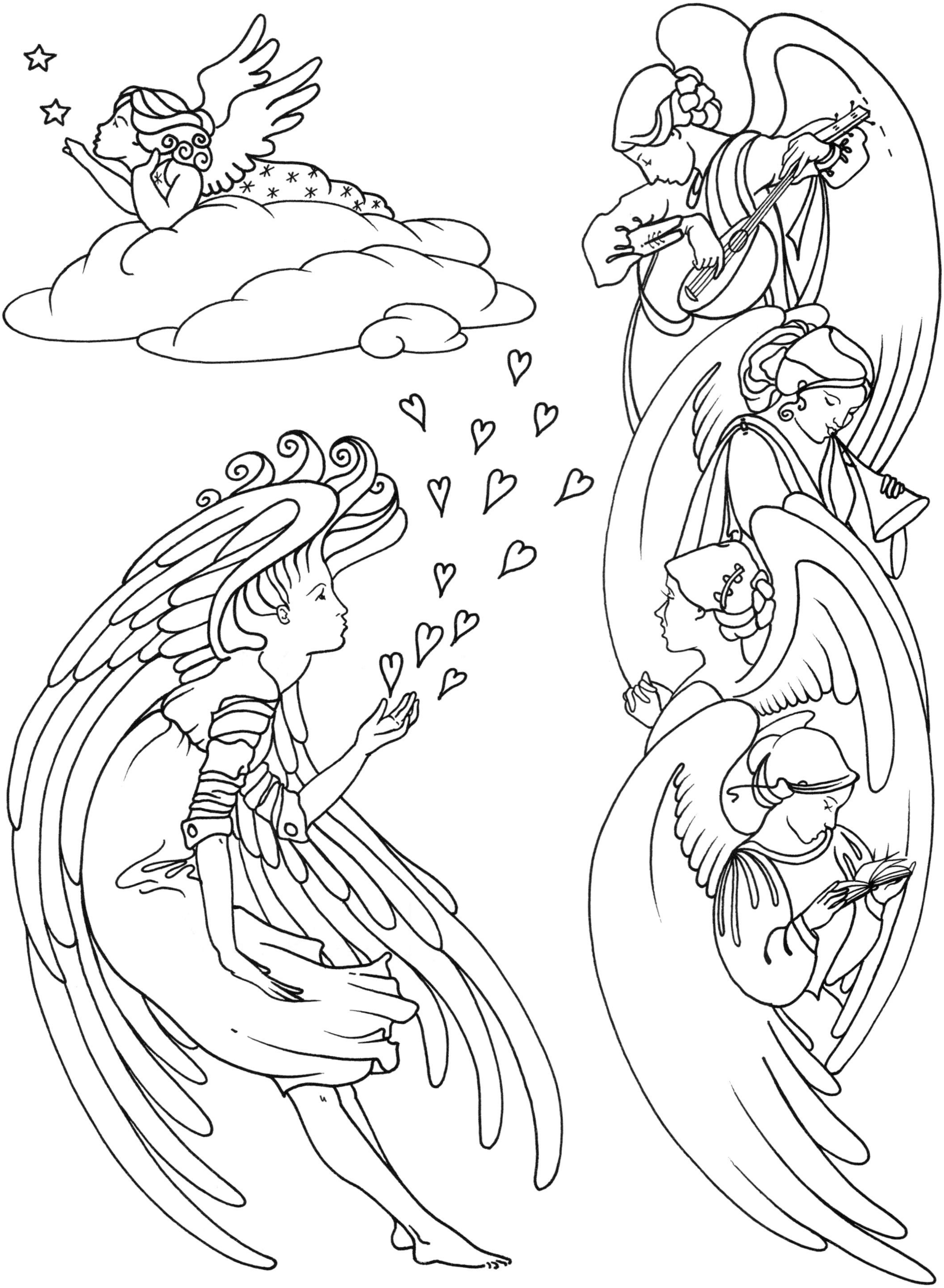

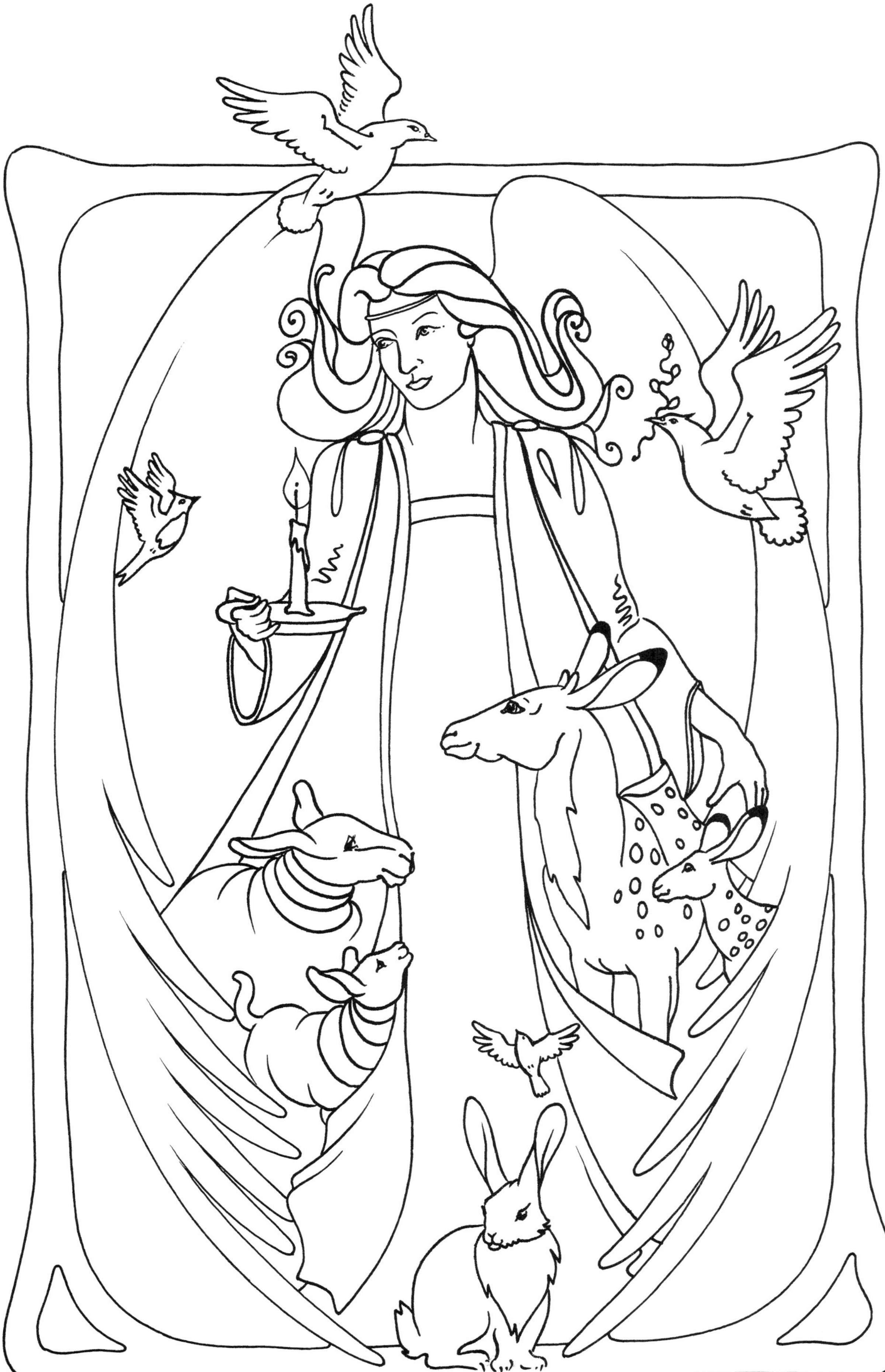

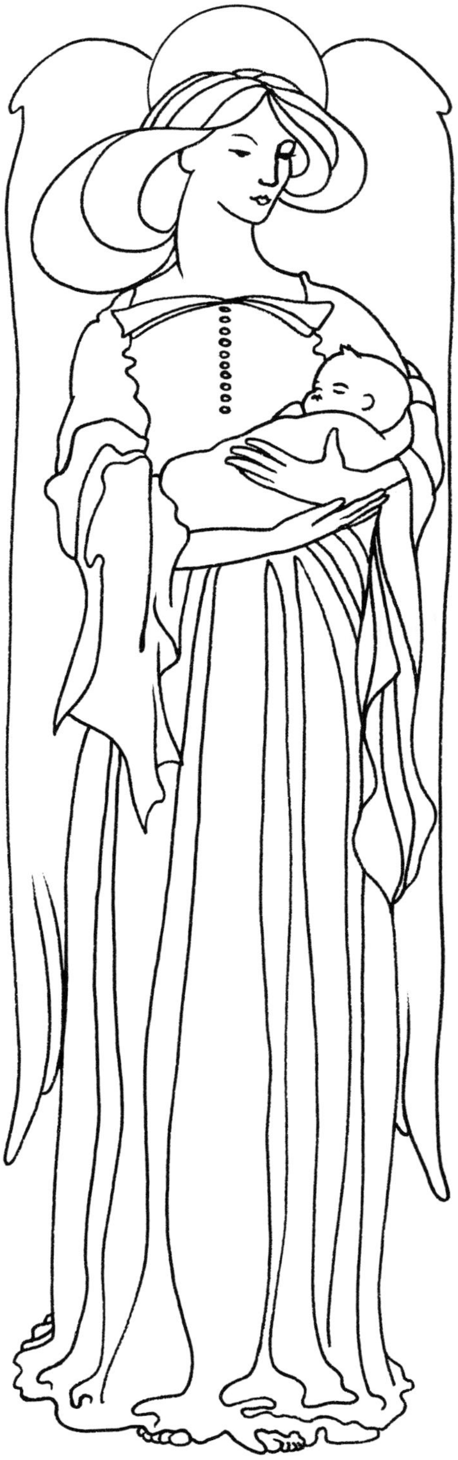

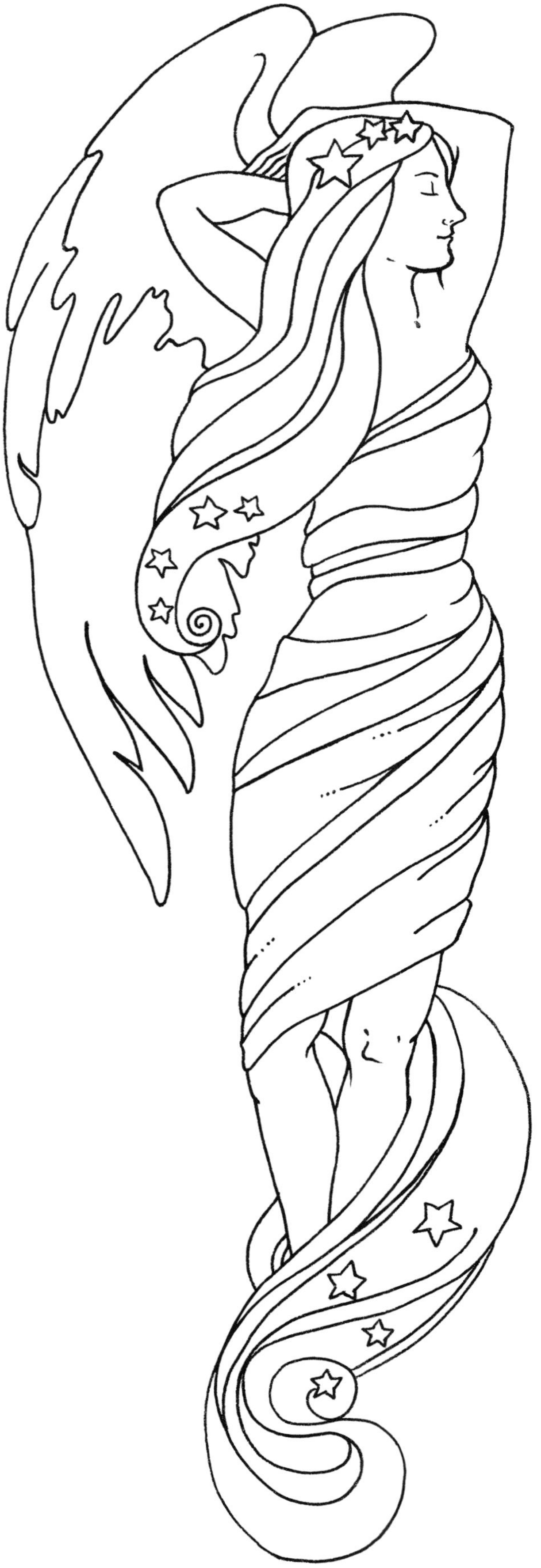

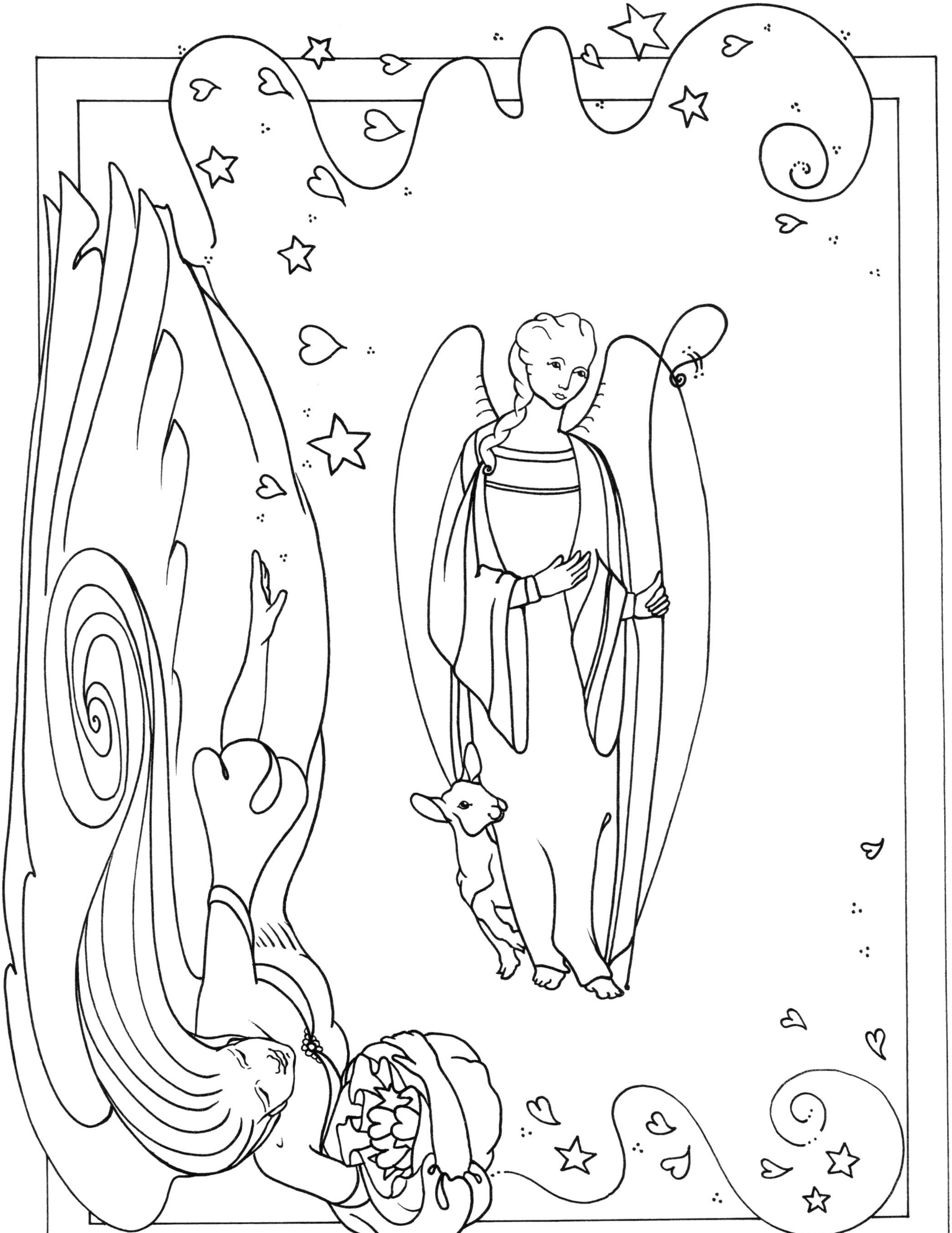

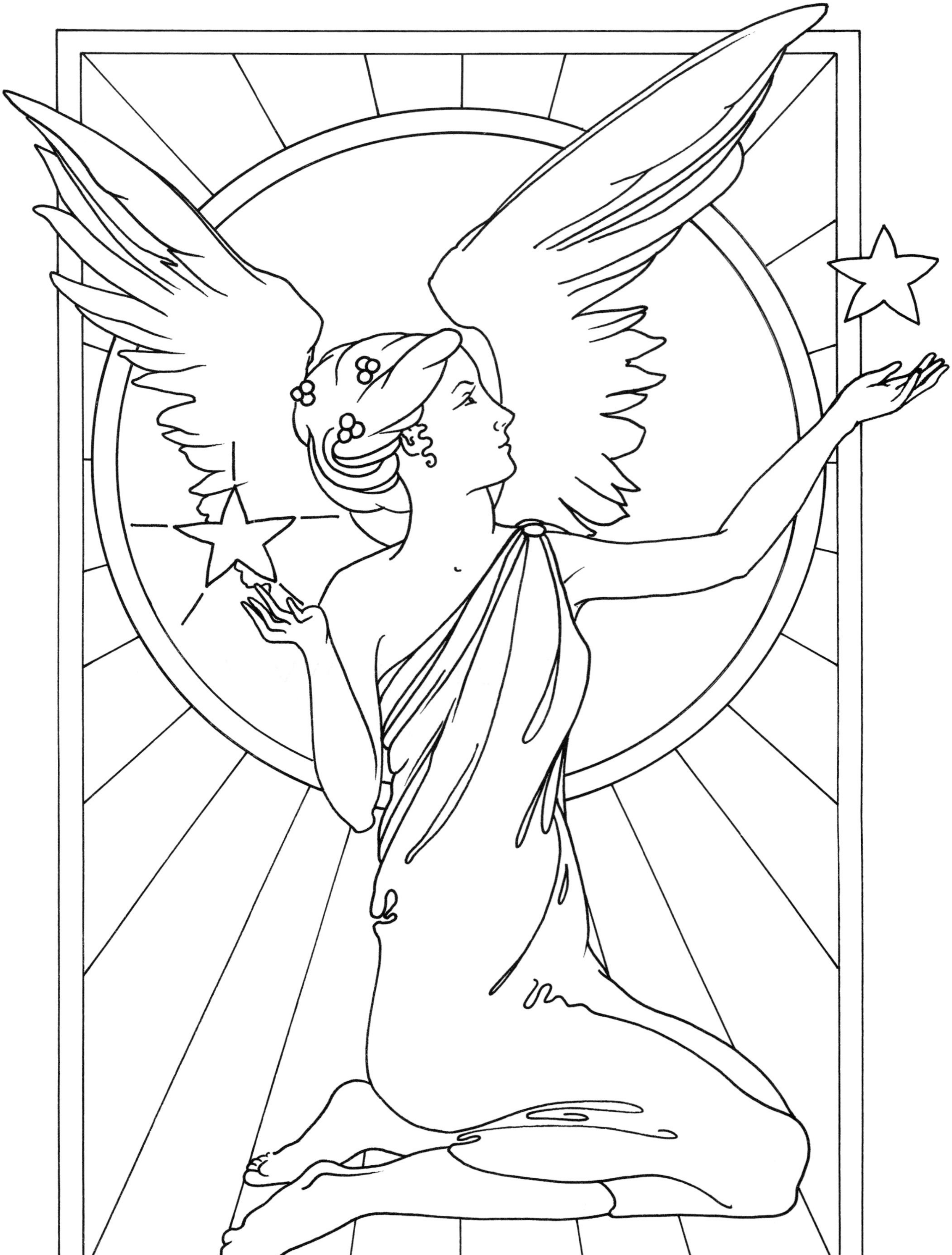

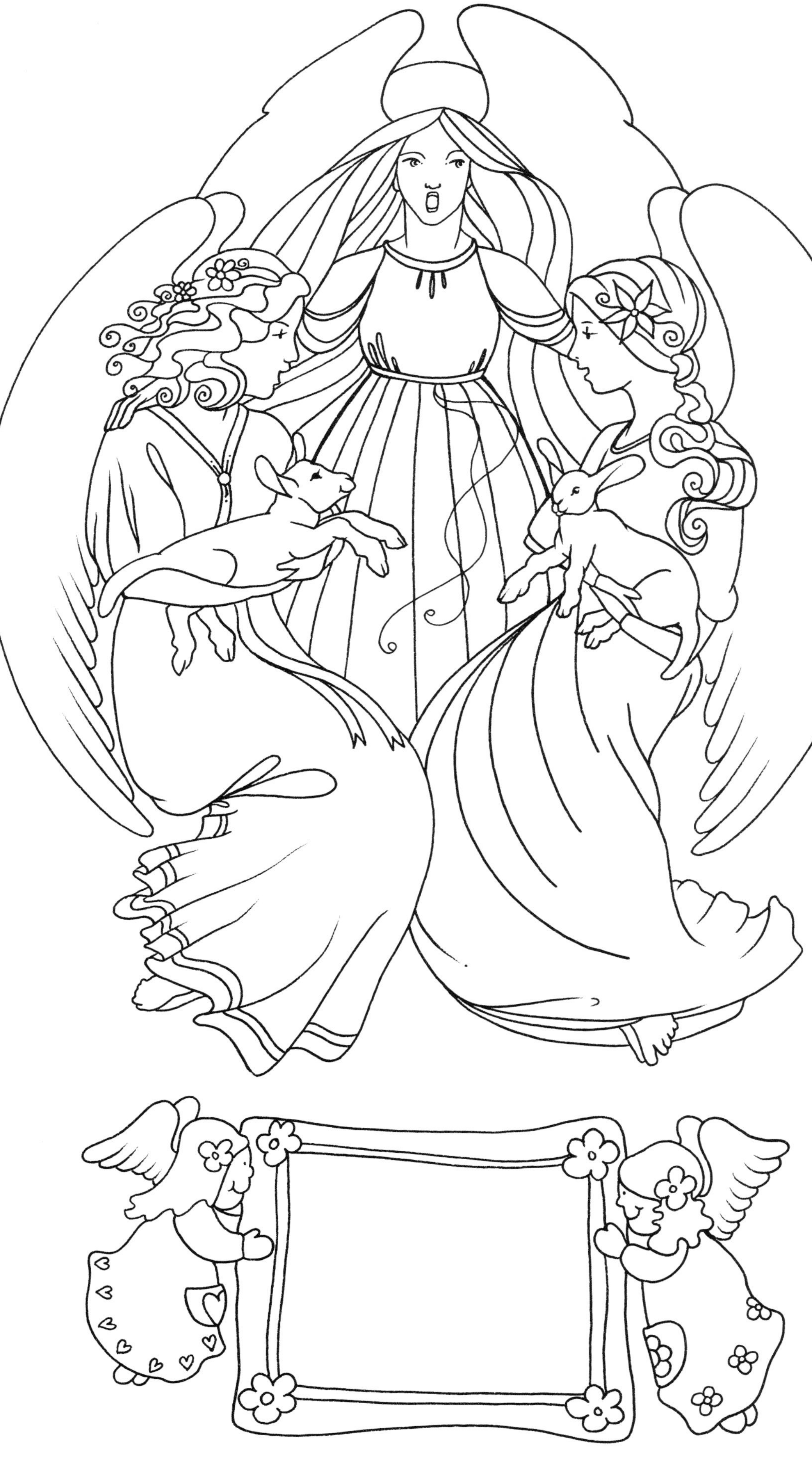

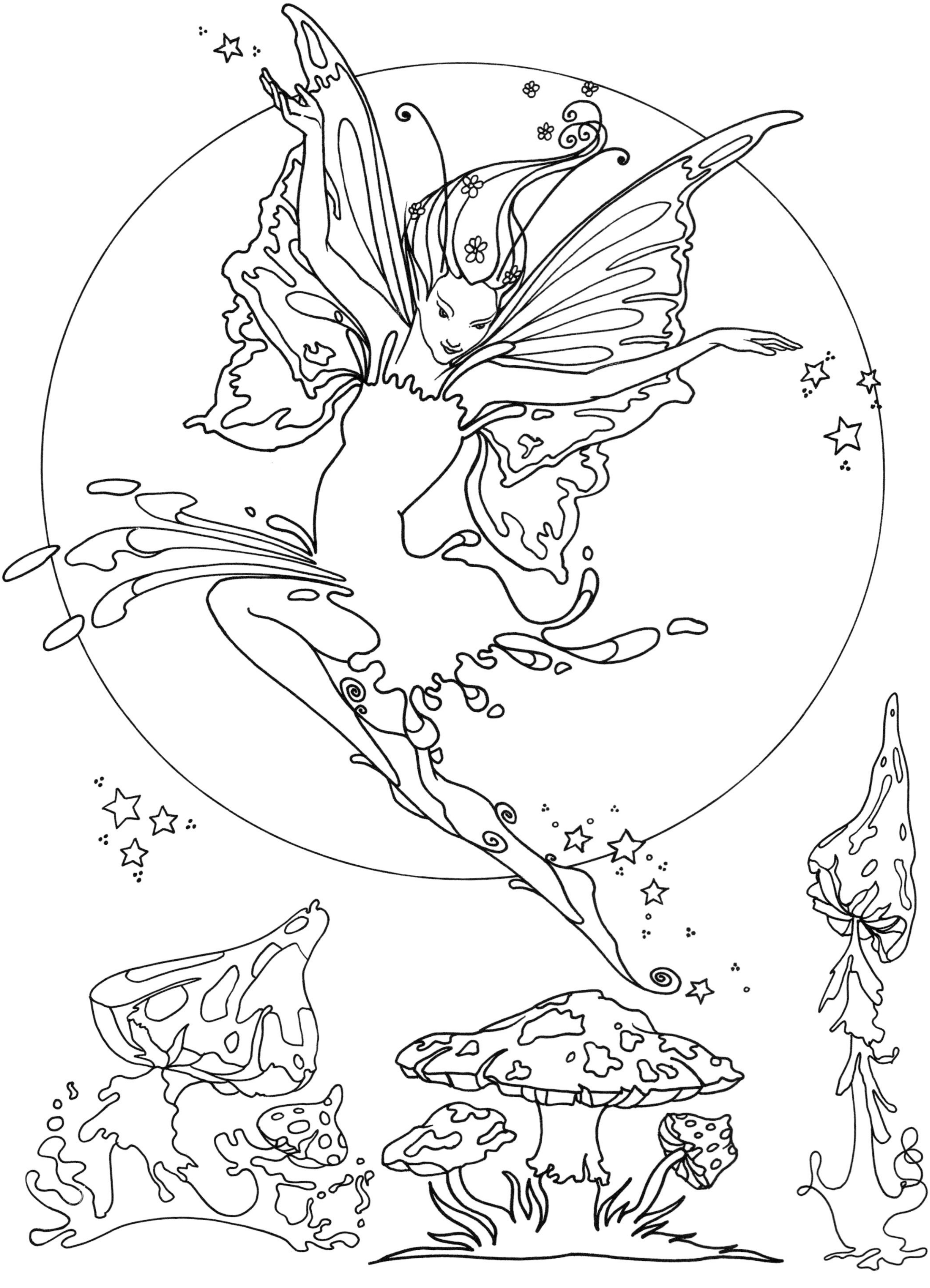

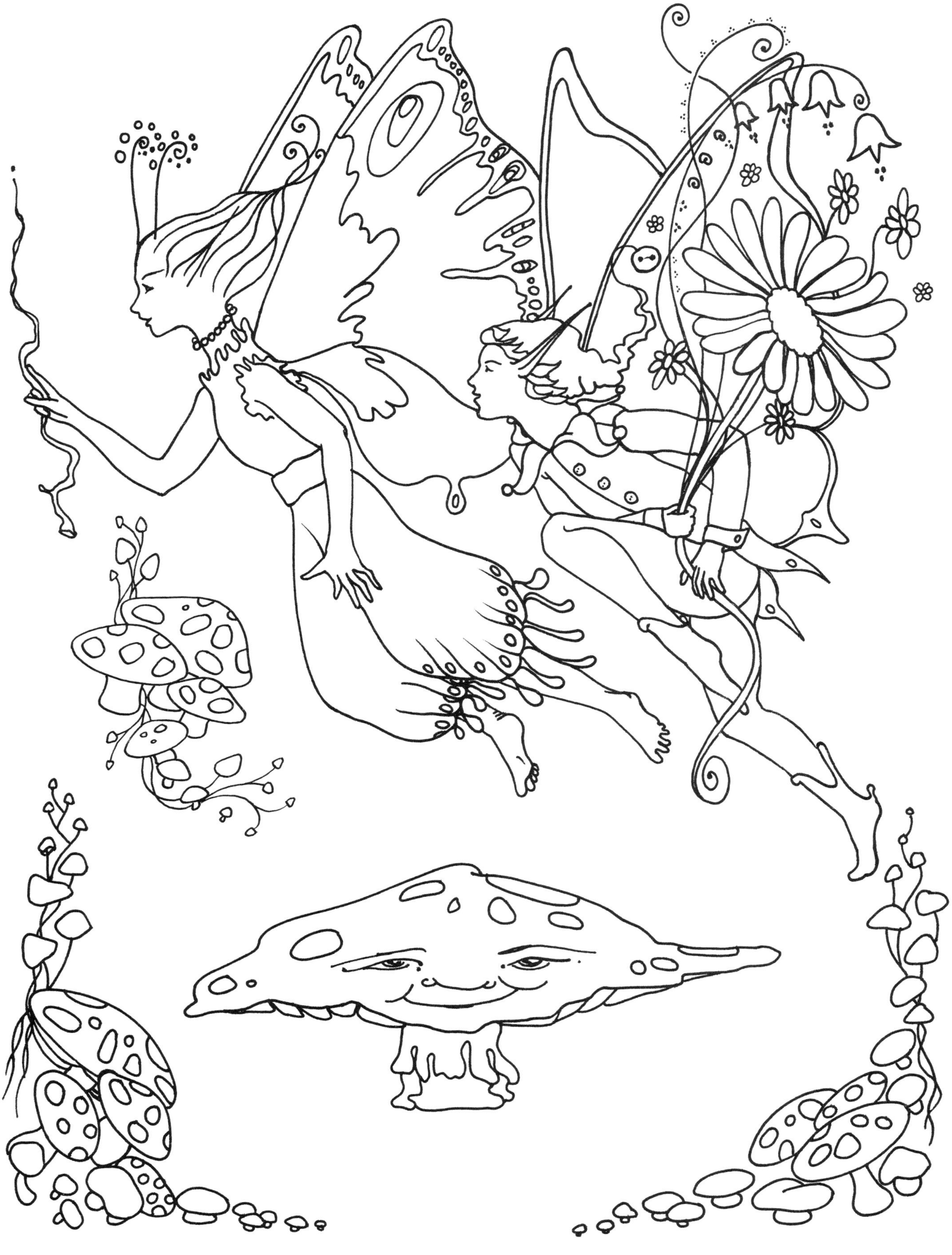

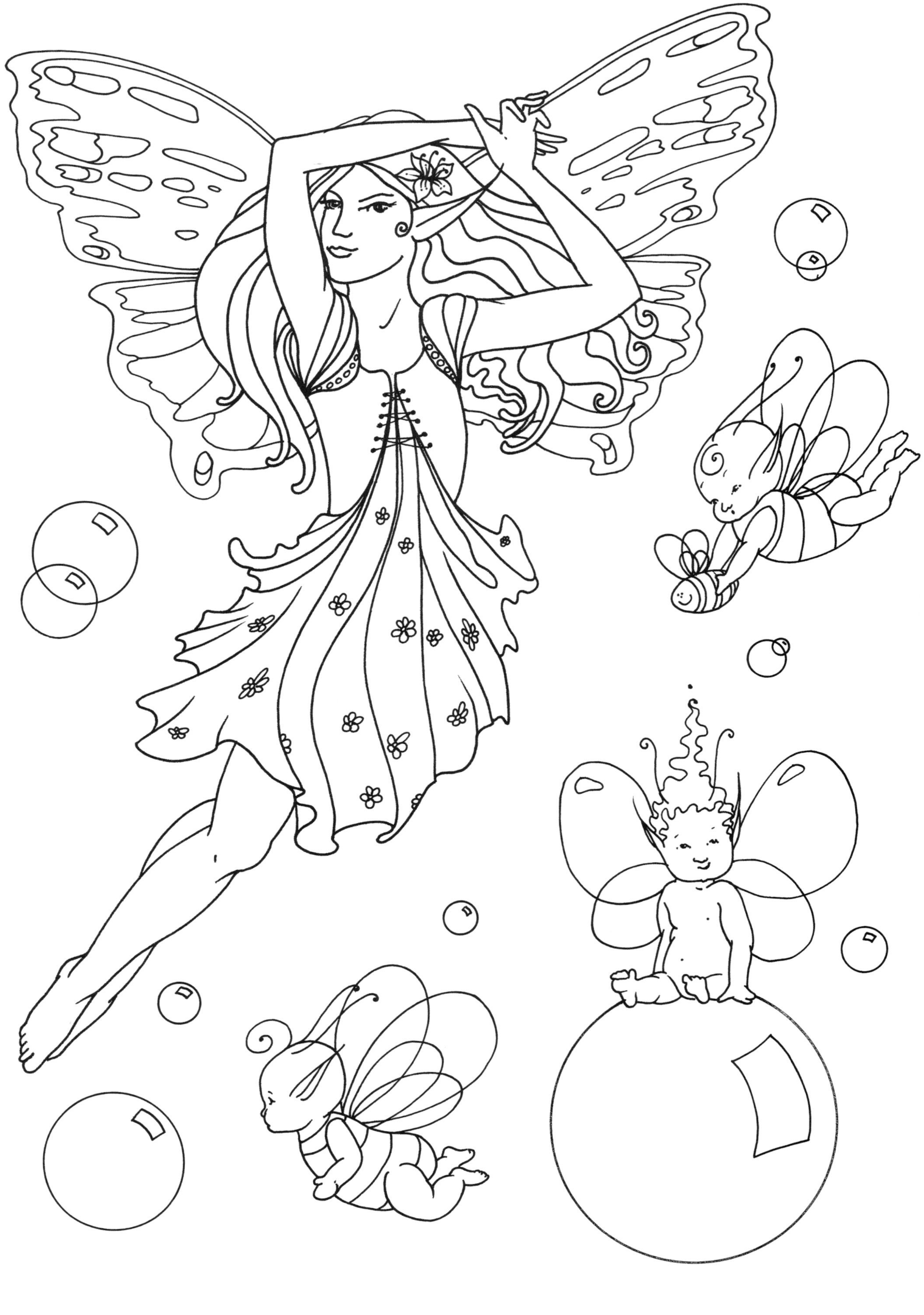

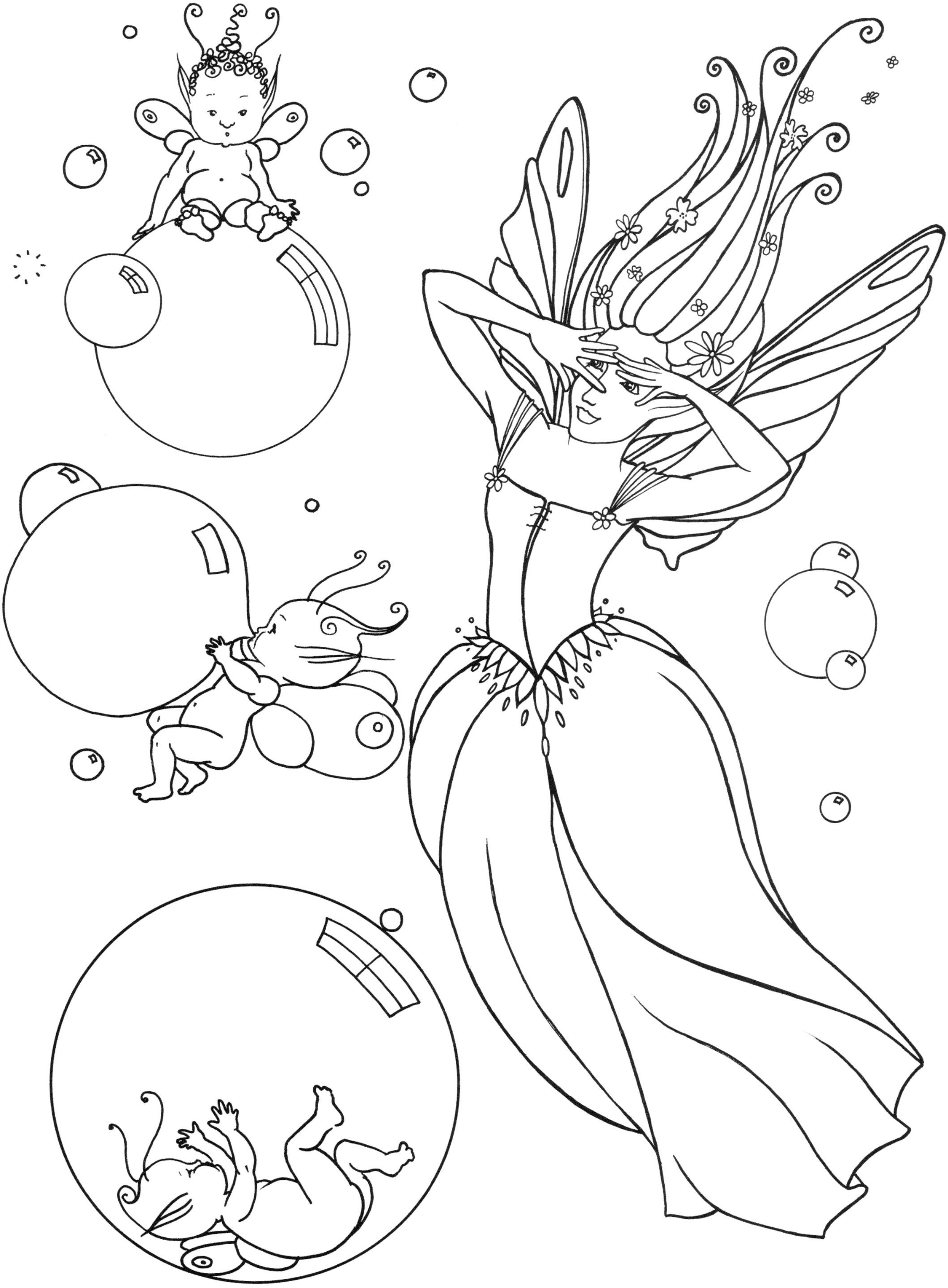

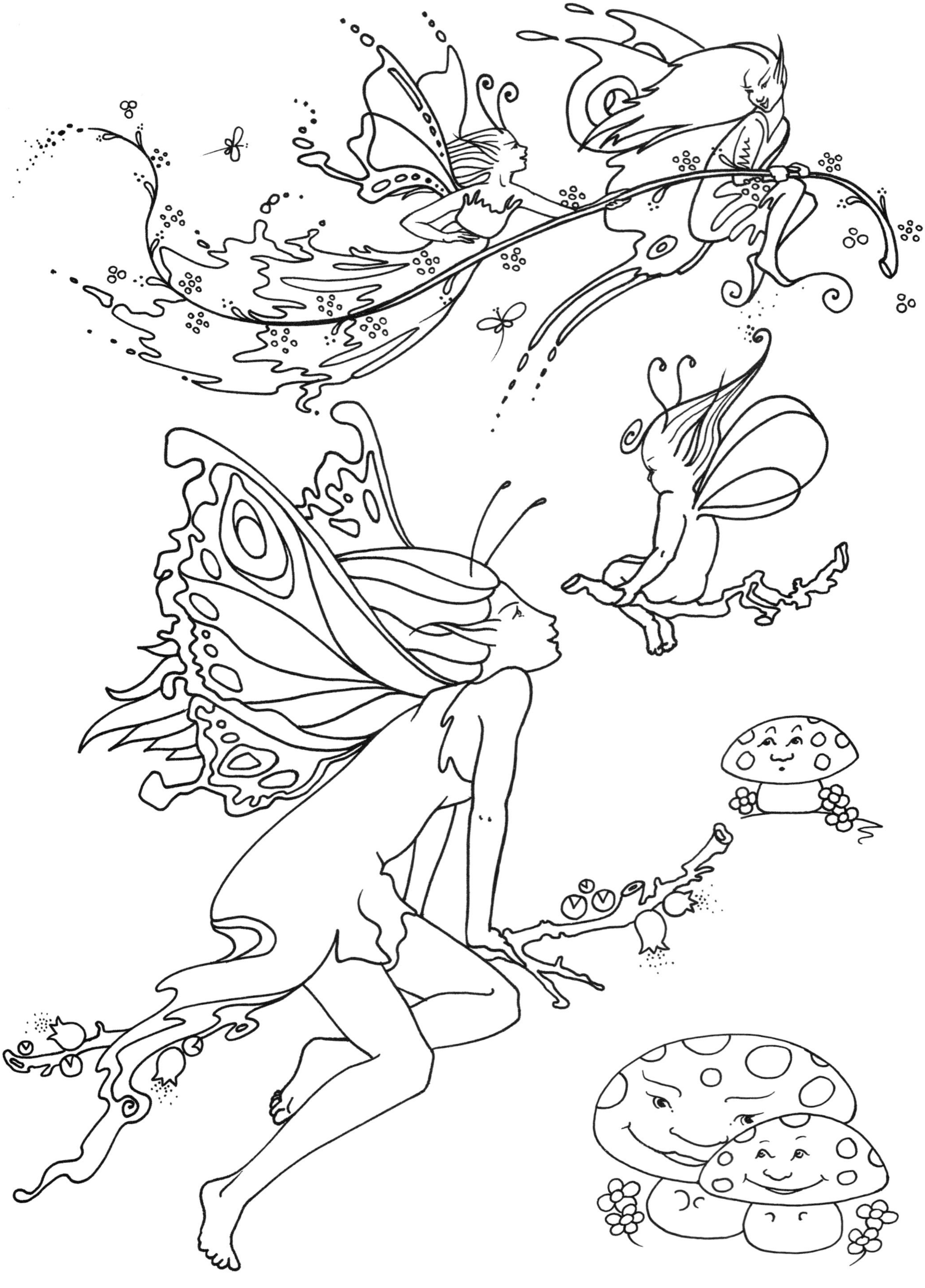

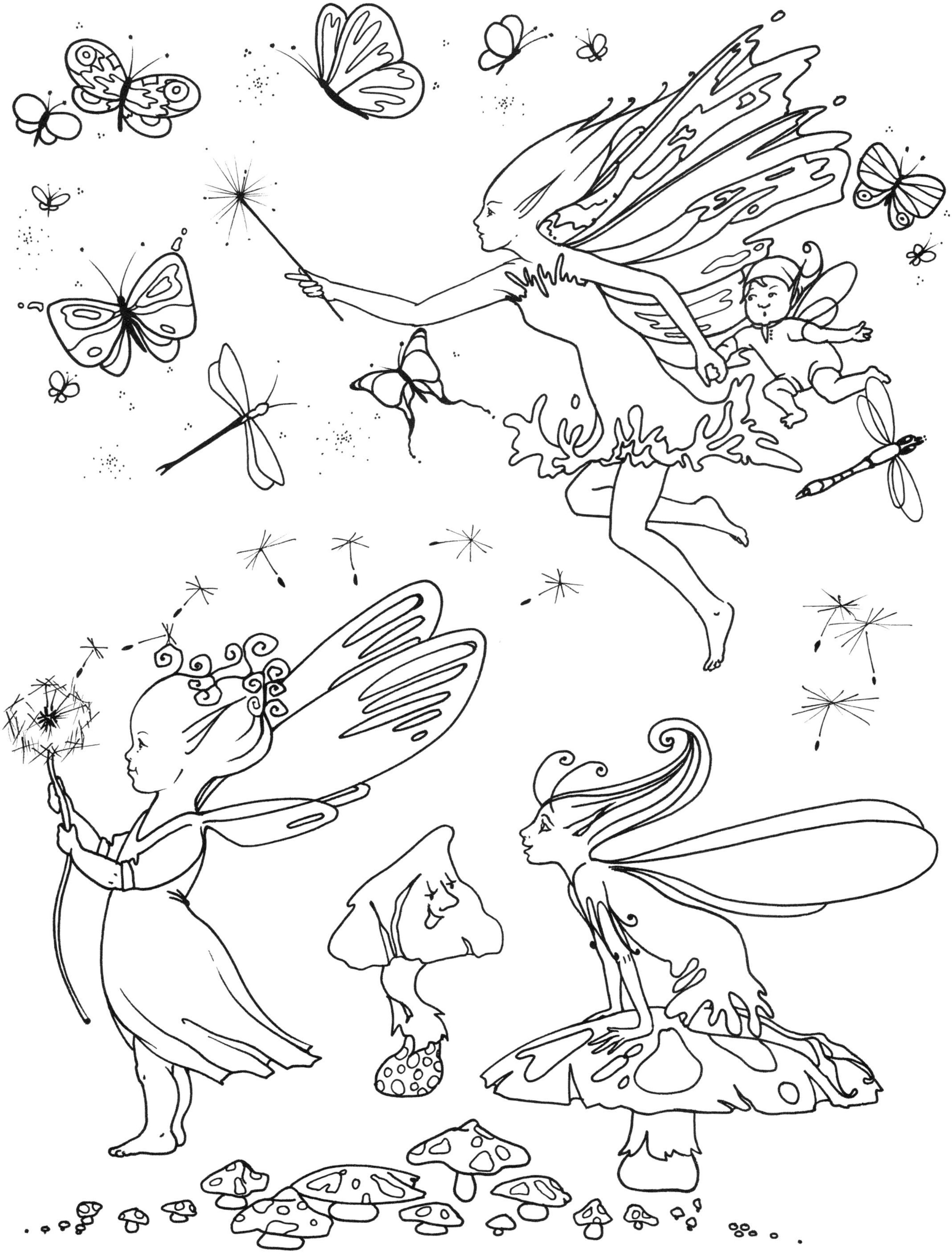

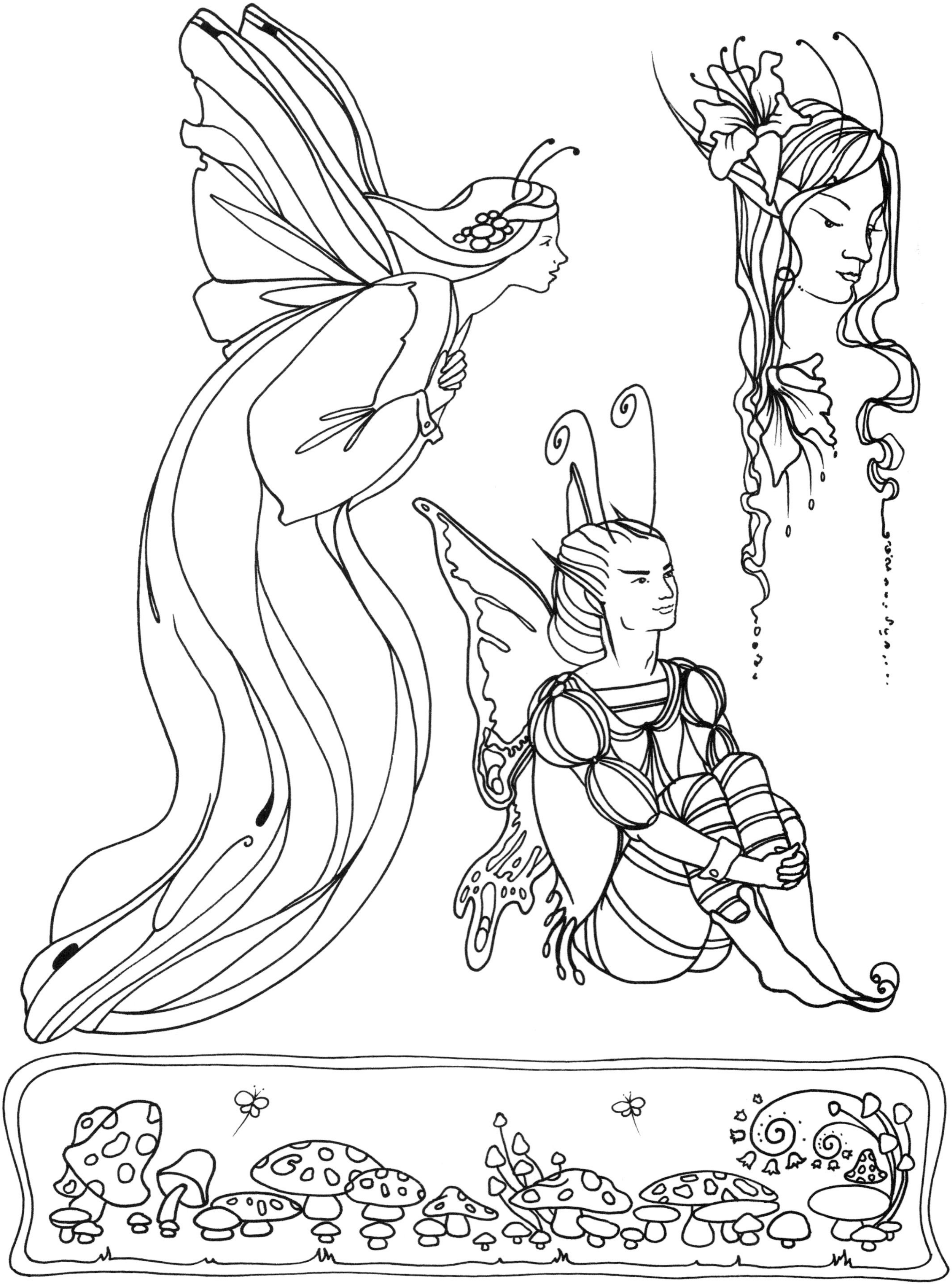

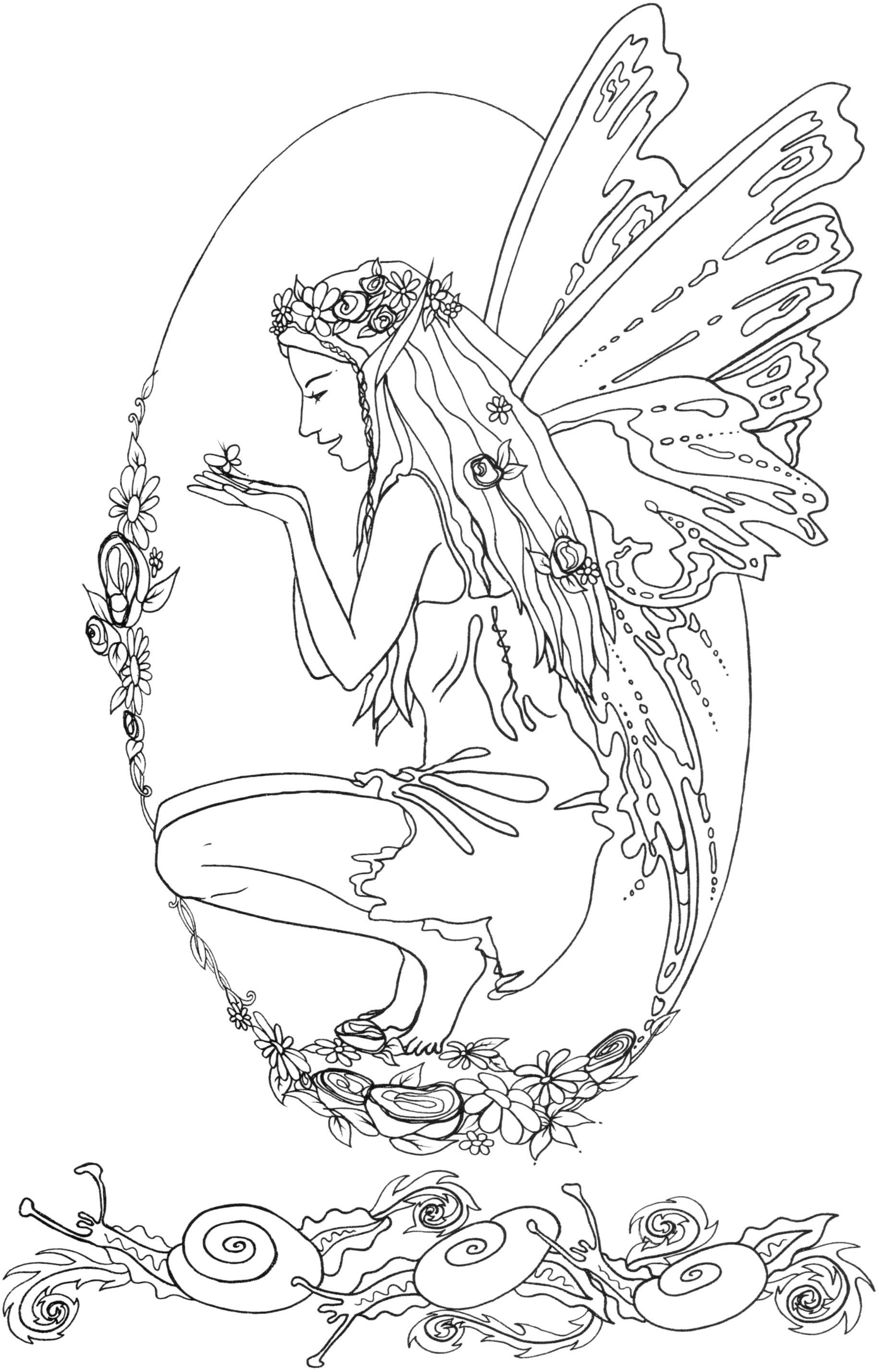

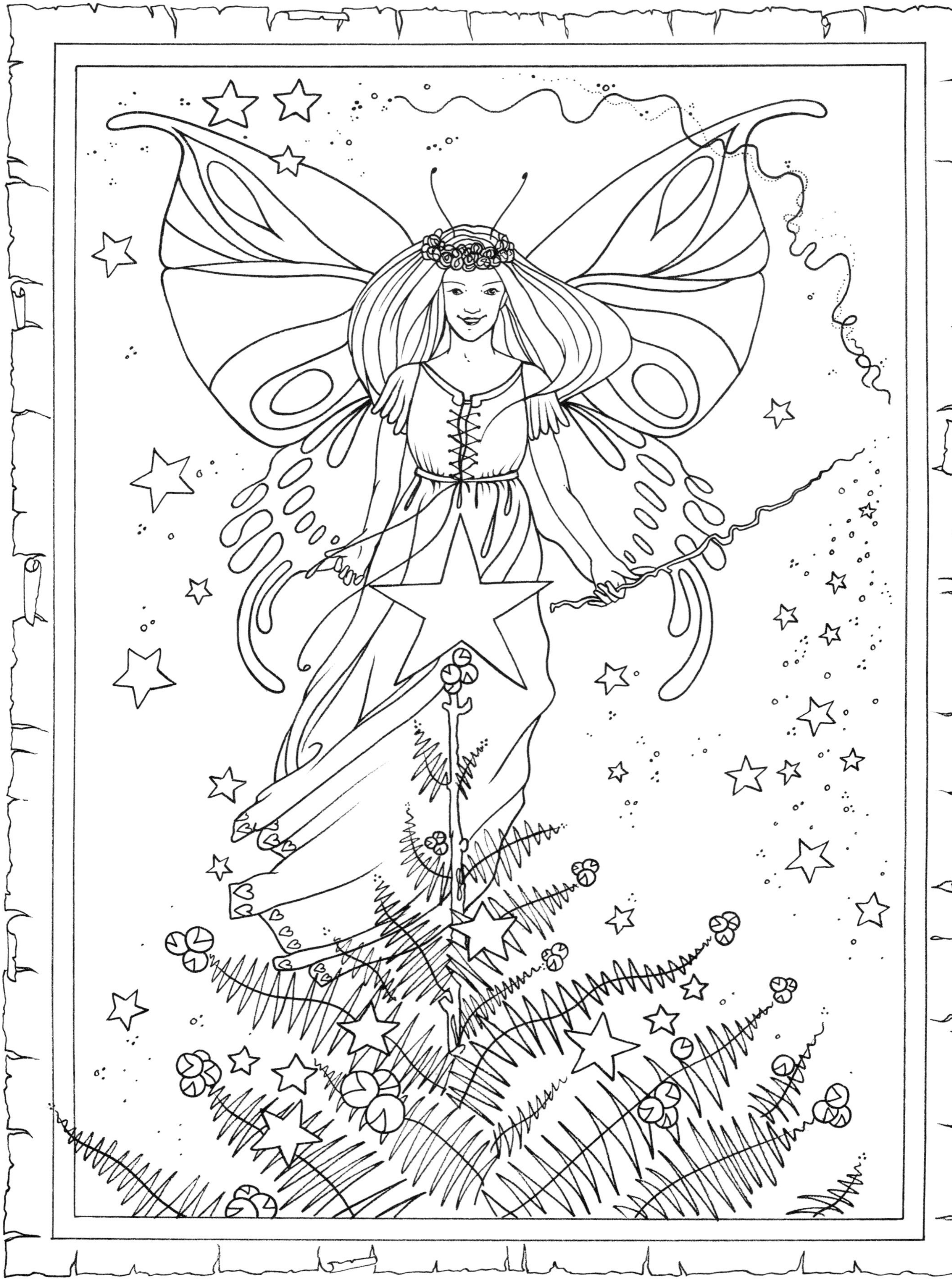

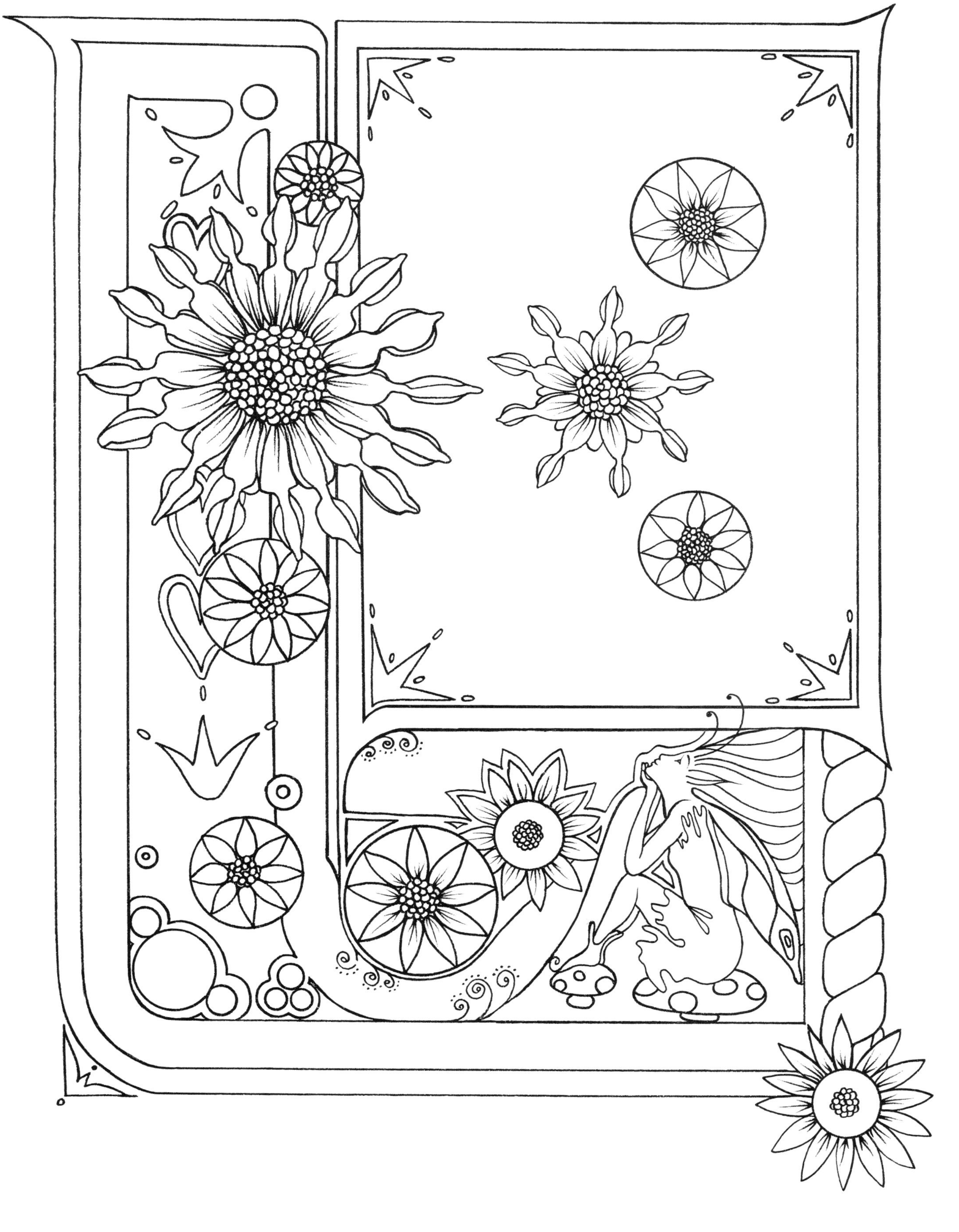

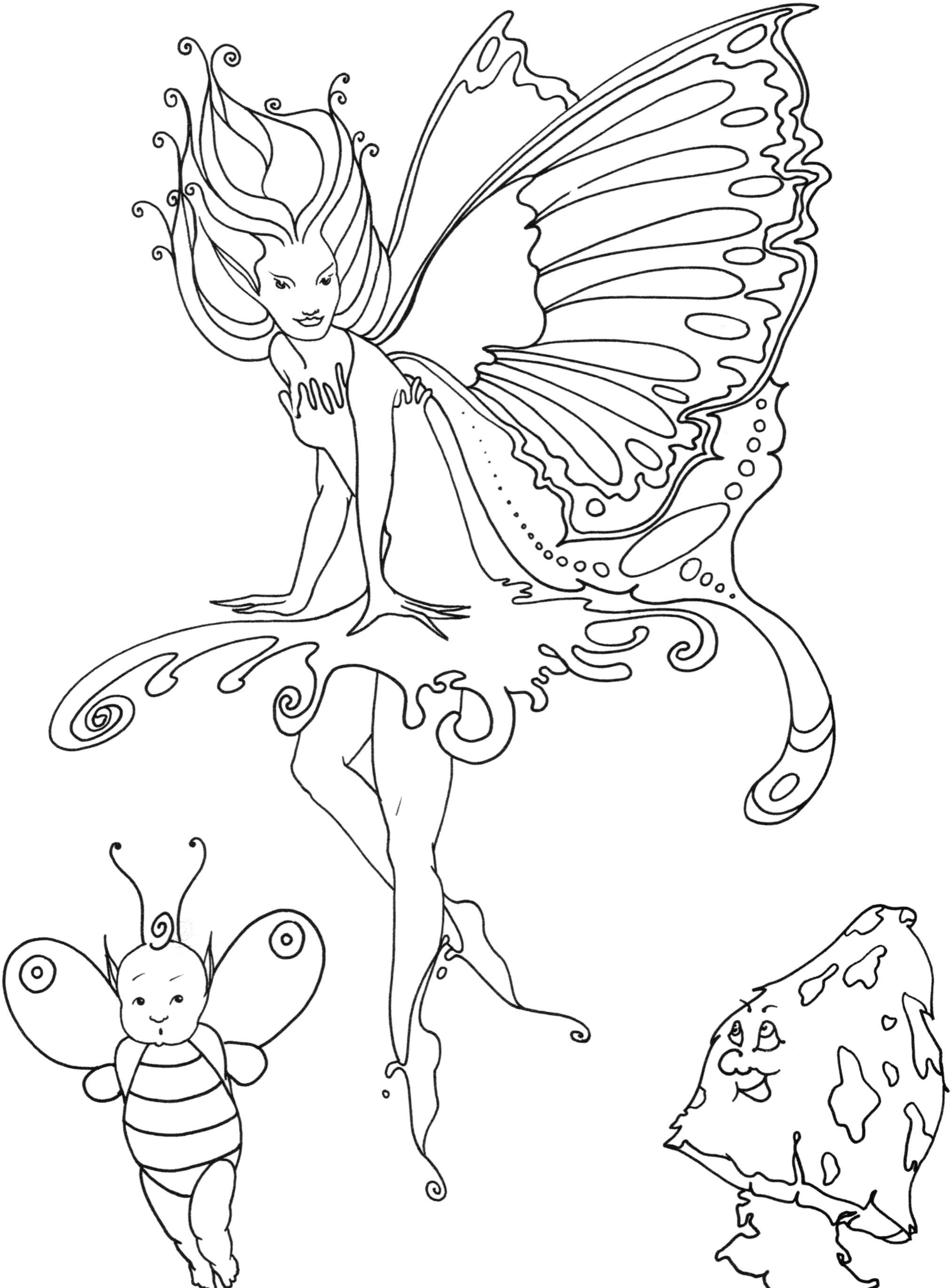

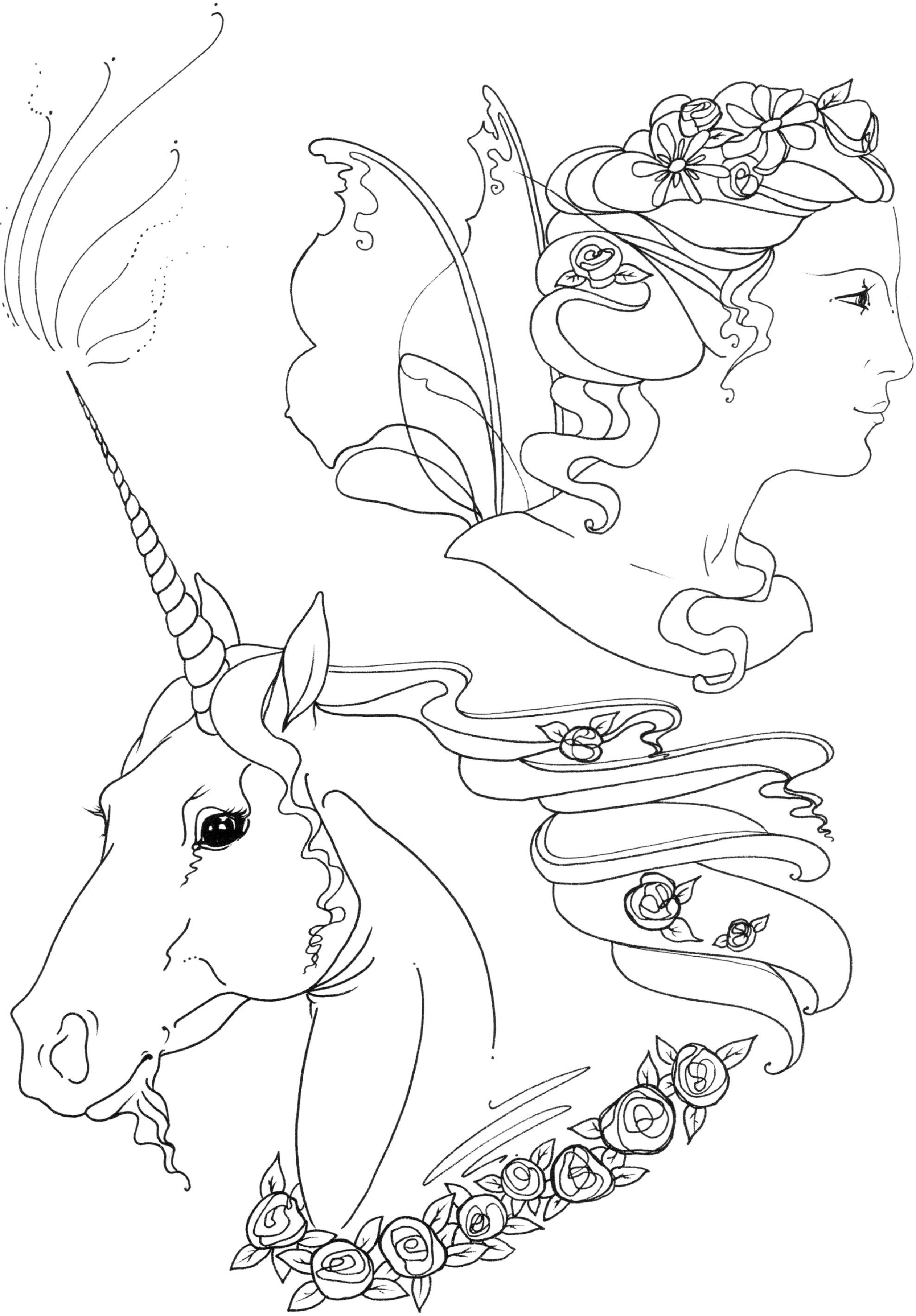

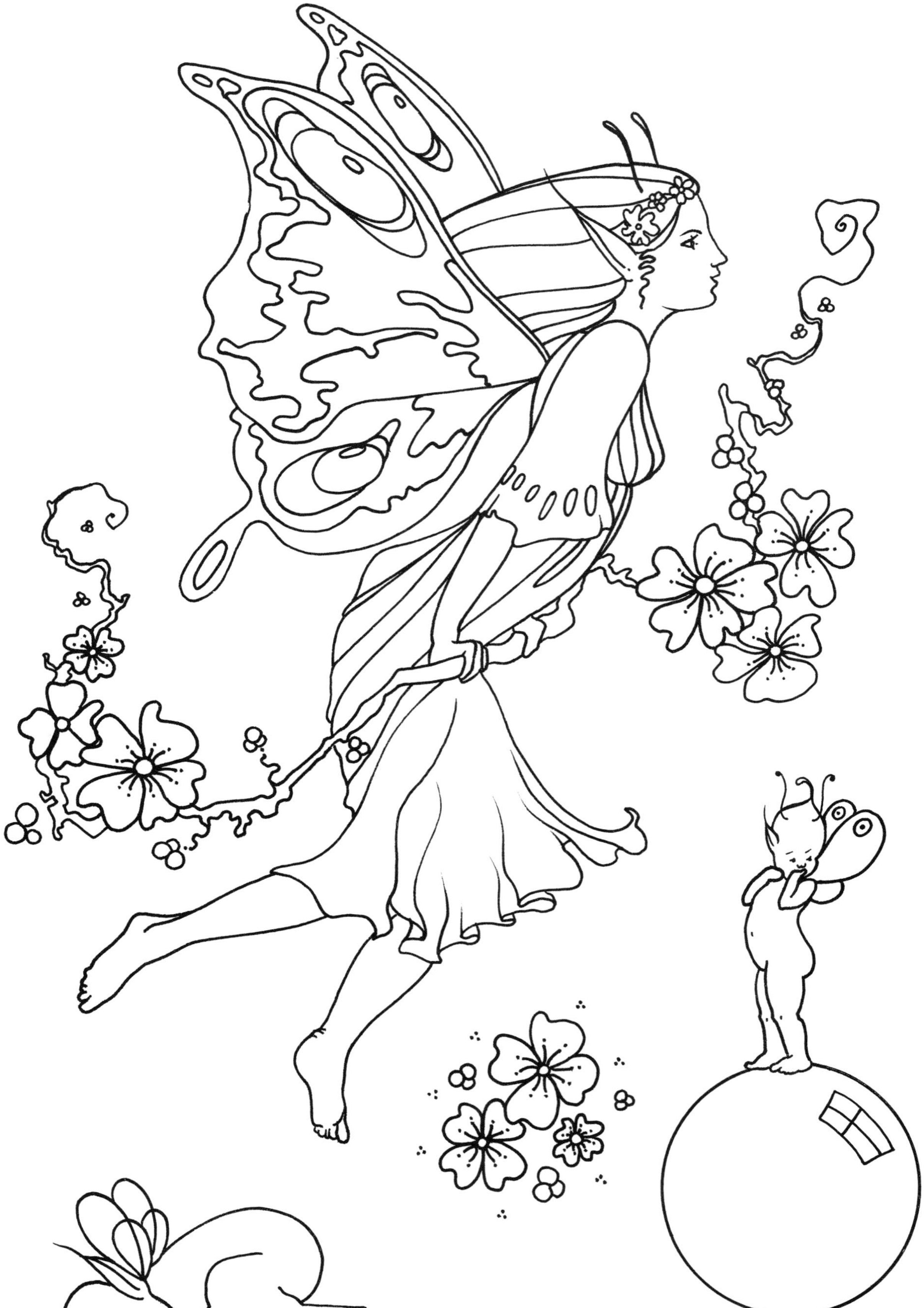

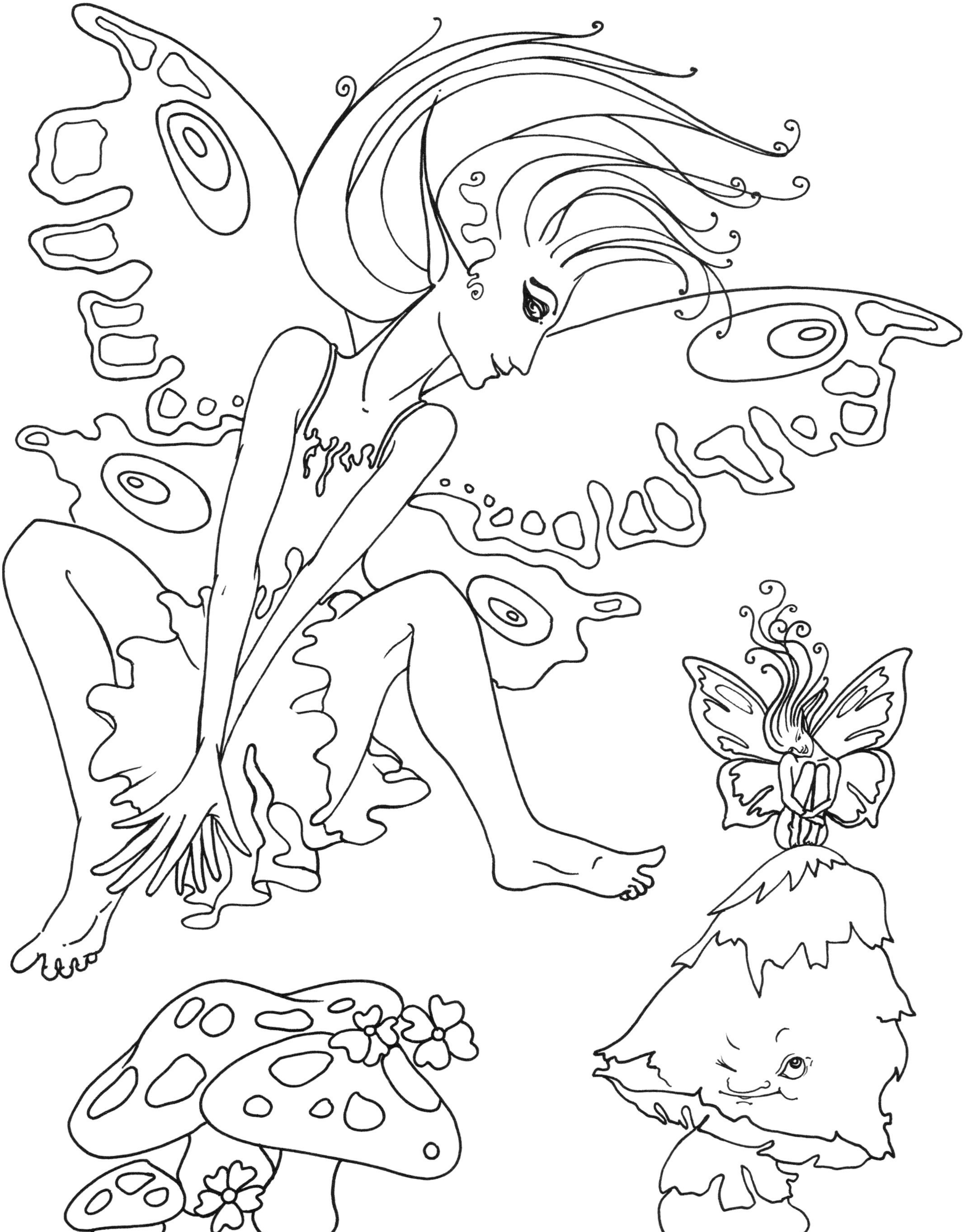

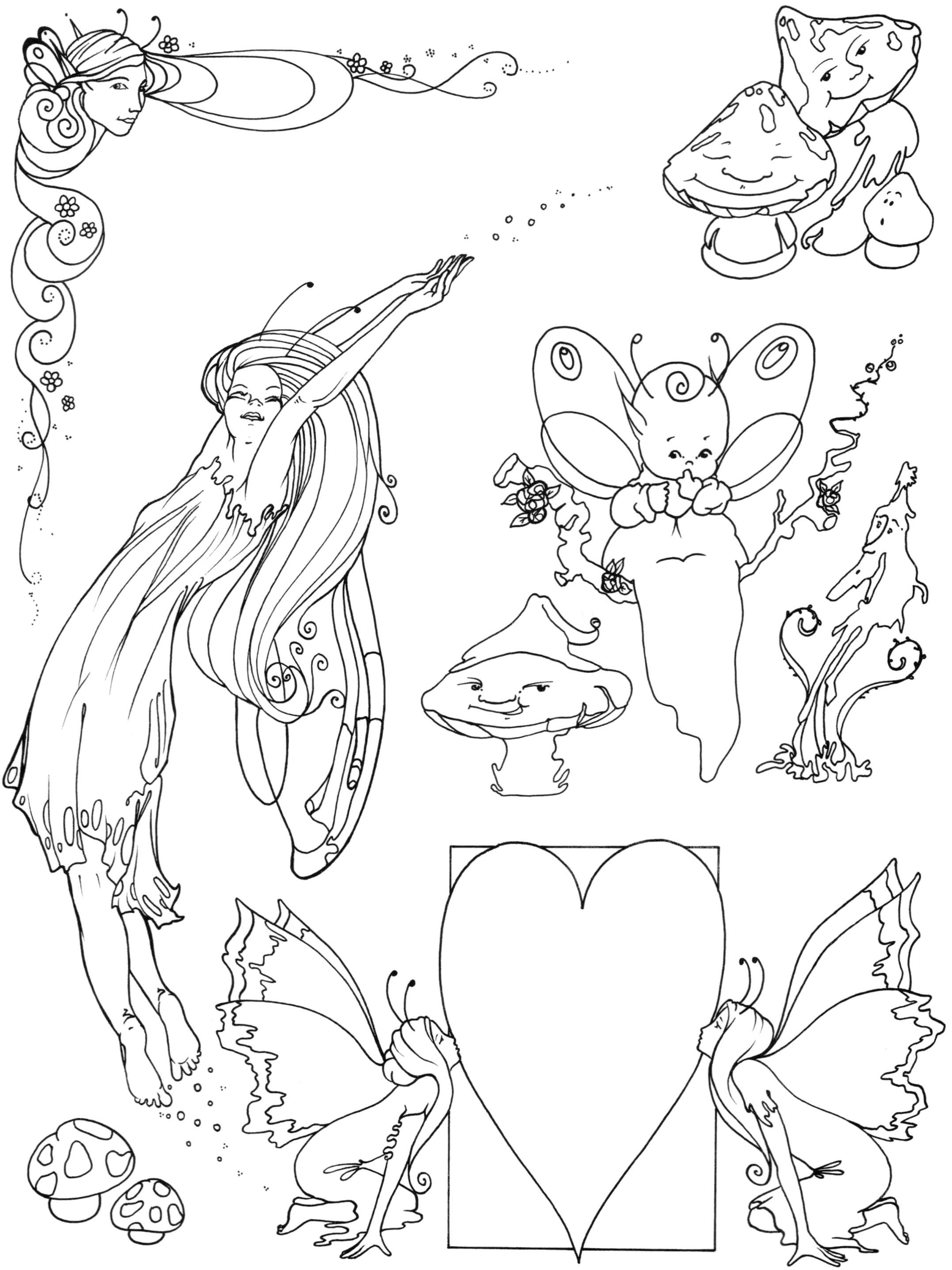

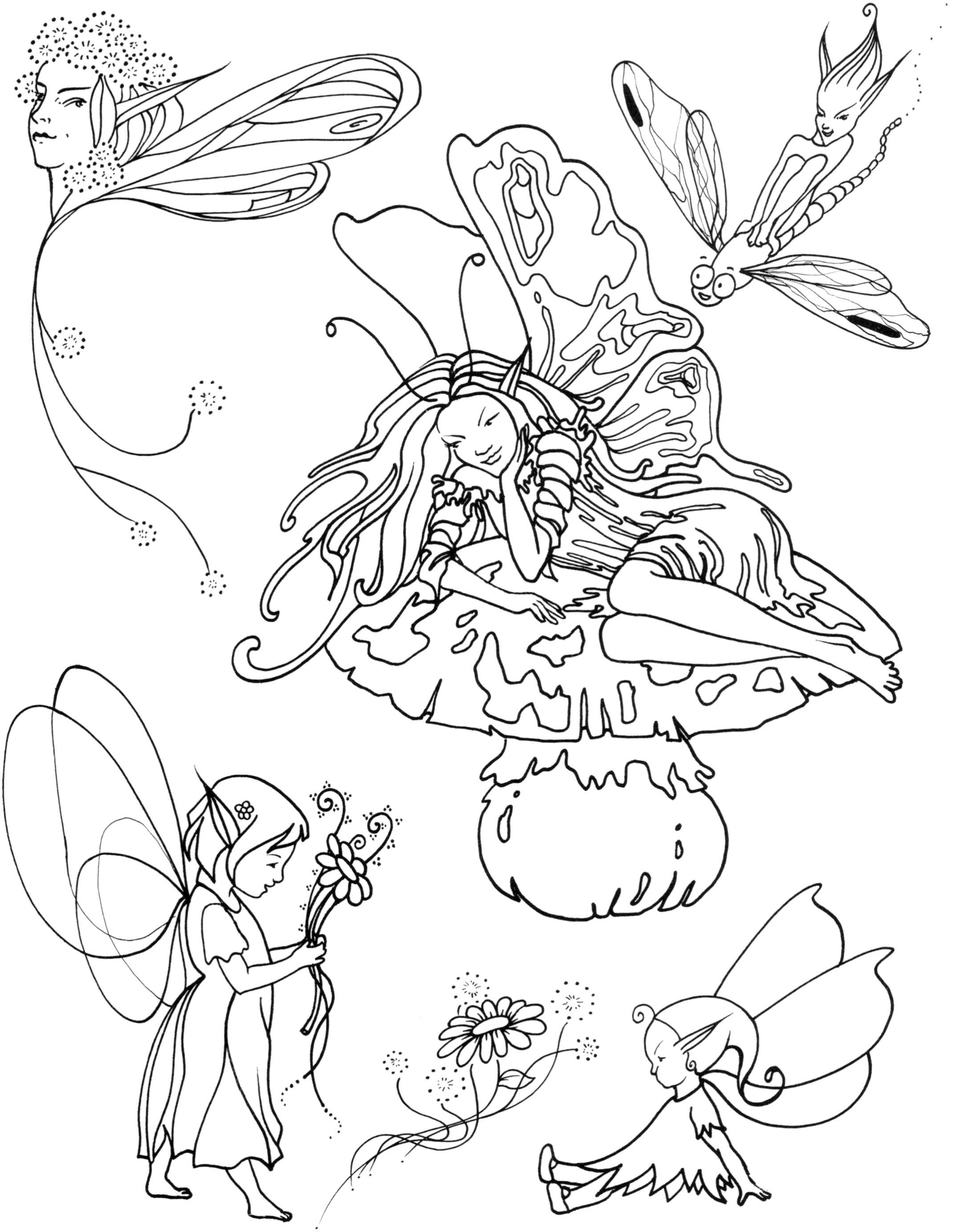

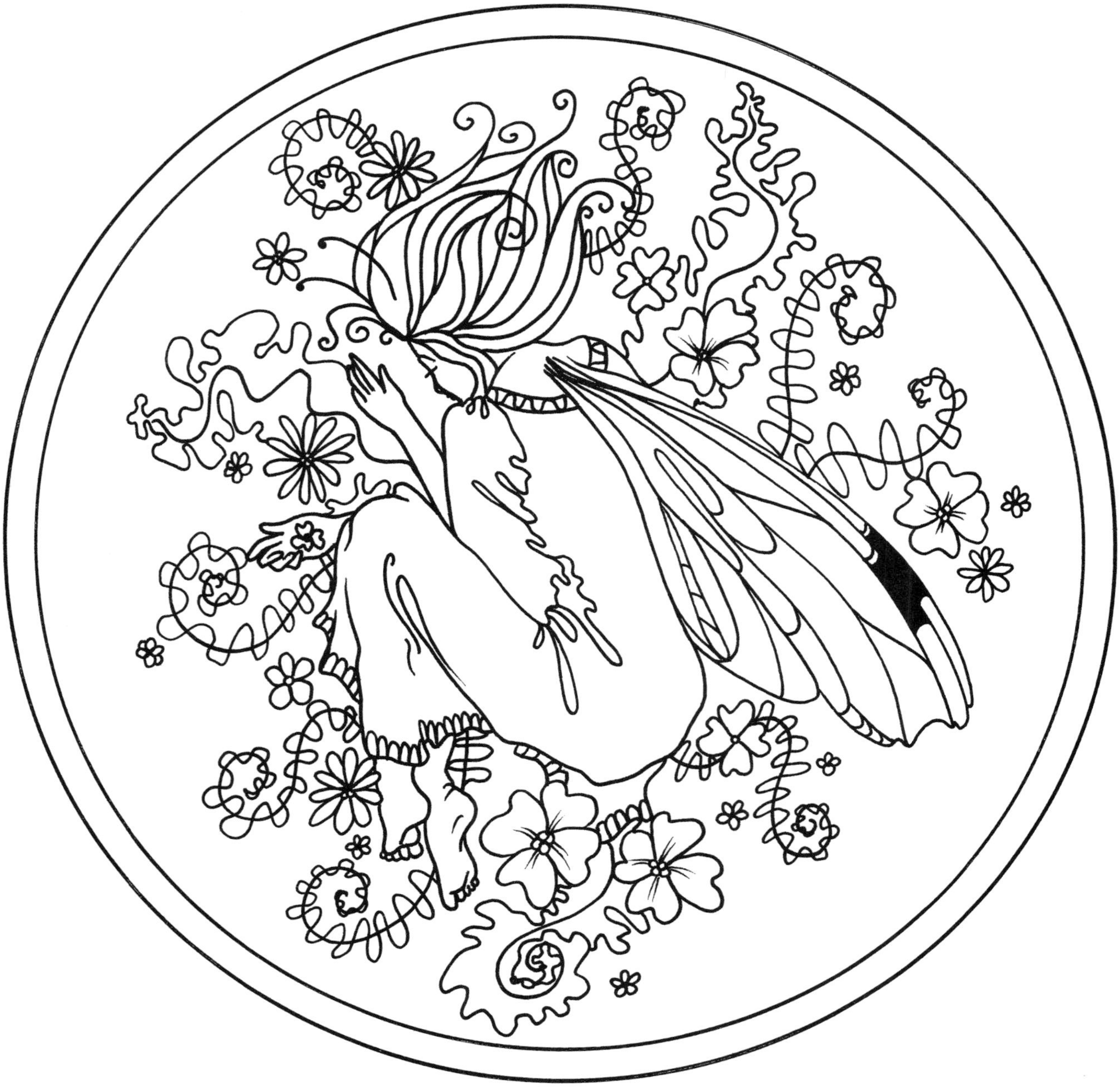
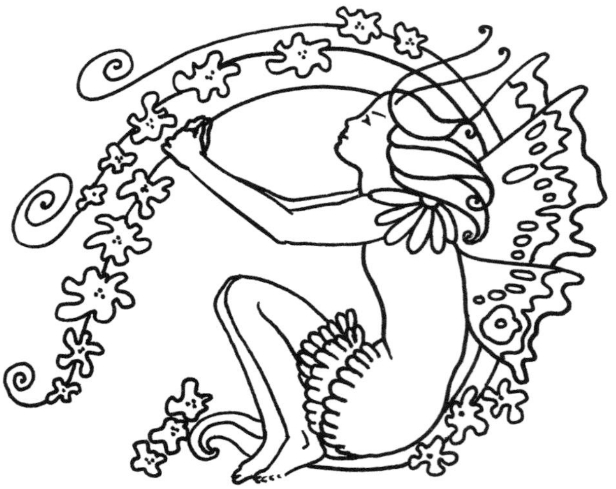